예쁜 여자가 좋아하는 유머
뻑가는 건배사

_____ 는(은) 201   년   월   일부터
행복을 선택하기로 약속합니다.

국립중앙도서관 출판시도서목록(CIP)

예쁜 여자가 좋아하는 유머 뻑가는 건배사 / 엮은이 : 이상국.
---서울 : 북랜드, 2015

p. 272 ; 150 × 165 cm

ISBN 978-89-7787-639-2 13190 : ₩ 12500

유머[humour]

817-KDC6
895.775-DDC23   CIP2015015701

예쁜 여자가 좋아하는 유머
뻑가는 건배사

이상국 행복충전사

북랜드

유머길 들어가기

사람은 기운이 있어야 살 수 있다.
"기가 산다 기가 팍팍" 하는 이동통신사 CF 대사처럼
기(氣)는 인간이 살아가는 원동력이다.

땅에서 올라오는 지기,
하늘에서 내려오는 천기,
그리고 사람들이 가장 받고 싶어하는 기운은 바로 인기이다.
연예인은 이 기운을 먹고 산다고 해도
과언이 아니고 모든 사람은 인기 있는 존재가 되고 싶어한다.

인기가 있다는 것은 관심의 대상이자 분위기를
이끌어가는 분위기메이커이며,
자신의 의견을 가장 자연스럽게 이끌어 갈 수도 있다.
말 그대로 유머커뮤니케이션이야말로

상대의 마음을 가장 빠르게 열게 하는 만능열쇠다.

백악관의 연설 담당자는 "유머는 곧 정치다"라고 했다.
유투브에 올라온 오바마 대통령의 우스꽝스러운 표정과
자신을 조롱하는 듯한 "예쓰 오바마"를 외치는
촌철살인의 유머를 보이면서
국민의 닫혀 있는 마음의 문을 열게 하고 있다.

개그맨들이 예쁜 여자와 결혼을 하는 이유는 간단하다.
그것은 바로 유머의 기운이다.
그런데 유머를 사용하더라도 적재적소에 맞는 유머를
사용해야 그 효력이 배가 된다.

여자는 유머 있는 남자를 좋아한다.
그러면 남자는 유머 있는 여자를 좋아할까?
똑소리 나는 여자를 좋아할까?
남자는 그냥 '이쁜여자'를 좋아한다.
그렇다면 답은 간단하다.
남자는 이쁜 여자를 좋아하고,

이쁜 여자는 유머 있는 남자를 좋아한다면
때와 장소에 맞는 유머를 구사한다면
사람들이 가장 받고 싶은 기운 '인기'는
당신의 주위에 가득 찰 것이다.

예쁜 여자는 3M 있는 남자를 만나기를 원한다.
첫째 매너Manner, 둘째 무드Mood, 셋째 머니Money이다.
매너유머란 상대를 배려하고 자신도 부각시키는 유머이다.

사랑은 유치해야 행복도 유치한다.
유치한 사랑놀이를 하지 않고, 연애를 하거나 결혼을 했다면
그것은 사랑이 아니라 조건의 합의를 본 것이라 말하고 싶다.
"자기 어디야?"
"응, 자기 마음속이지."
"아주 멀리 있구나!"
이런 유치한 놀이를 하면서 까르르 까르르 넘어간다.
이때 도파민이라는 행복물질이 나와서 밤샘통화를 하고
이른 아침에 일어나 먼 거리를 함께 운전을 해도
전혀 피곤하지가 않다.

처음 만난 술자리에서
"죄송하지만 저는 벌써 많이 취했습니다."
"어디서 드시고 오셨나 봐요?"
"그게 아니라 당신의 아름다움에 흠뻑 취했습니다."
그러면 대부분의 여자들은 피식 웃으며
약간의 거부 반응을 보인다. 하지만 이 거부반응이
싫지 않은 표정이다. 그러면서 한마디 한다.
"ㅎㅎ, 아주 카사노바인가 봐요!"
이때 진지한 표정으로
"제가 술은 쎈 편인데 미모에는 약해서,
오늘은 도수가 많이 쎈 듯합니다."
상대를 칭찬하면서 자신의 존재를 부각시키는 매너 유머는
이 시대를 살아가는 현대인이 갖추어야 할 덕목이다.

'정치는 유머다, 아니 사랑은 유머다' 가 정답이다.

상사가 부하직원에게 야근을 시켜도 불만을 적게 만들고
상사를 존경하게 하는 것은 물론이거니와
여성을 처음 만나는 자리에서도 상대를 기분좋게 만들면서도

나를 부각시킬 수 있는 '나는 당신을 해칠 사람이 아니다' 라는
메시지를 웃으며 보내는 강력한 자신감이라고 볼 수 있다.

무드유머란 때와 장소에 맞는 유머로서 분위기를 자연스럽게
만든 다음 단계로 연결시킬 수 있는 유머이다.
비즈니스상에서는 계약단계에서 더 깊은 신뢰와
유연성을 만들어내며 썸을 타는 연인관계에서
한 발짝 더 가까이 갈 수 있는 유머길이다.

영국의 극작가 버나드 쇼가 군대 제대 후 처음 만든
〈전쟁과 인간〉이라는 연극을 마치고 관객들이 박수를 치자
무대에 올라 인사를 하는데 한 관객이
"버나드씨 이런 걸 연극이라 만들었어요? 당신 막을 내리세요.
아주 형편없는 졸작이에요."
그러자 버나드쇼가 "예 당신의 말에 전적으로 공감합니다.
저도 정말 형편없는 졸작이라고 생각을 합니다.
그런데 저와 당신, 둘만의 평가만으로
저 많은 사람들의 박수와 함성을 막을 도리가 없네요."

또라이질량의 법칙이 있다.
회사에 입사를 하면 꼭 또라이짓을 하는 상사가 한 명은 있다.
견디다 못해 다른 회사로 도망을 가면
그곳에는 그런 녀석이 두 명이나 있다.
하나는 상사이고 하나는 부하직원이다.
먹고 살자고 버텨보지만 그것도 쉽지가 않아
마지막이라는 마음으로 월급이 적더라도 다른 회사에 취직을 한다.
다행스럽게 이 회사에는 없는 것 같다.
그렇다면 본인이 또라이다.
무드 유머는 딱딱하고 경직된 공간에서
따듯한 온기를 불어넣어주는 유머이다.
무드 유머는 Yes-Yes의 법칙이 있다.

머니 유머란 바로 유머라는 말 속에 그 뜻이 진하게 우러나 있다.
유머란? "유(you)와 내가 웃으면 머(money)니는 보너스다."
바둑의 한 수처럼 나도 이득이고
상대에게도 기회가 될 수 있는 유머를 일컫는다.
세상에서 가장 소중한 금 세 가지는
첫번째 황금, 두 번째 소금, 그리고 가장 중요한 금

바로 '지금'이다.
그 소중한 금을 함께 할 수 있어서 너무나 영광이다.
이렇듯 상대에게도 득이 되고 나에게도 득이 되는
Win Win 유머가 바로 머니 유머이다.
직원이 웃으면 고객이 웃고, 고객이 웃으면 매출이 오른다,
매출이 오르면 보너스가 생긴다,
그 출발점은 바로 유머길에서 출발한다.
길 이란 원래 있었던 것이 아니다.
누군가 그 곳을 많이 가면 길이 되는 것이다.
유머길도 그냥 만들어지는 것이 아니라 계속해서 걸어가야 한다.
길이란 원래 걷는 것이 아니라 앞으로 나아가는 것이다.
앞으로 나아가지 못하는 길은 길이 아니다.
필자는 사업을 하다가 어려운 시기를 겪고
다시 당당히 일어 설 수 있었던 것은
바로 이 매너, 무드, 머니 유머로 무장되어 있었기 때문이다.
웃음은 신이 우리에게 준 선물이라면
유머란 미워할 수밖에 없는 상대에게서 좋아지게 만드는 보약이다.
아침마다 남편이 정성스럽게 아내에게 보약을 올린다를
6글자로 하면 '약 올리는 남자'이다.

아침마다 유머밥상으로 기를 충전하여
회사에서 학교에서 모임에서 그 기운을 발산하여
최고의 인기인으로 살아갈 수 있다.

본 책자는 필자에 의해 만들어진 것도 있지만
떠도는 유머들을 다시 재해석하여
보석으로 재탄생시킨 것들이 많다.
예쁜 여자가 좋아하는 유머만 잘 활용하면
당신은 어느 장소, 어느 위치에서건
인기 있는 사람으로 거듭날 것이다.

행복충전사 이 상 국 Dream

차례

유머길 들어가기 · 5

#1
매너 · 15

#2
무드 · 73

#3
머니 · 119

#4
건배사 · 175

Manner
매끄럽고
너그러운 남자

일을 즐기며 부드러운 카리스마
이런 말 저런 말 옮기지 않는 남자
삼 초에 한 번씩 상대의 눈을 마주보며
사과는 Cool하게, 칭찬은 찬란하게 하는
오늘의 주인공을 상대에게 양보하는 상남자

아름다운 소

하루가 행복한 소는? 웃었소
미덕이 있는 소는? 괜찮소
힘을 주는 소는? 옳소, 믿소, 해보소
몸이 가벼워지는 소는? 해우소
상대를 응원하는 소는? 좋소

소 중에서 세상을 아름답게 하고 가장 값비싼 소는? 미소

미인의 완성은 미소이고
스타일의 완성은 스마일이라

당신의 미소로 오늘 하루 세상을 아름답게

인기오기! 행복삼기!

하늘에서 내리는 좋은 기운? 천기
땅에서 올라오는 좋은 기운? 지기
사람들 사이에서 가장 좋은 기운? 인기

사람에게서 풍기는 좋은 기운 '인기'를 얻는 방법은?
'활기' 있게 생활하고 사리분별을 잘 하는 '총기'가 있어야 하고
남에게 에너지를 줄 수 있는 '전기"를 뿜어내야 하며
심신을 단련하여 '발기'가 잘 되어야 '인기' 있는 남자가 된다.

행복한 가정을 이루려면
따듯한 마음이 있는 '온기'가 흘러야 하고
상대를 먼저 배려하는 '듣기'가 받쳐줘야 하고
아름다움이 묻어나는 '말하기'가 있다면
행복하기라는 녀석이 들어온다!

여행

여행이란?
여럿이 함께하여 행복한 것이라고 하고
다리가 떨릴 때 가는 것이 아니라
가슴이 떨릴 때 다니는 것입니다

맛나는 음식도 먹고 버스에 올라 재미연구소 손 교수에게 물었다.
"이제 버스가 어디로 간데요?"
"예! 버스는 앞으로 갑니다"

이때를 놓치지 않고 고윤신 강사가 하는 말
"안 오신 분 손드세요 없으면 출~발!"

앞으로 가는 버스에서 조금 늦는 이를
기다려주게 만드는 여행은 함께할 수 있는
친구가 있다는 것은 축복입니다.

인생이라는 여행에서 조금 늦는다고
조급하게 생각하지 말고 남보다 앞에 앉았다고
모든 세상을 먼저 본다고 생각할 필요도 없습니다.
자기가 앉은 자리에서 가장 잘 보이는 풍경이 있으니까요.

세상에서 가장 존귀한 존재

못 생긴 남자와 예쁜 여자가 결혼하면
어떤 아이를 낳을까요? 갓난아이!

세상에서 가장 존귀하고 소중하며 아름다운 사람을
한 글자로? '나'
두 글자로 하면? '또나'
세 글자로 '역시나'
네 글자로 '그래도나'
다섯 글자로 '다시봐도나'

자존감이 높으신 분들은 그렇지 않은 사람보다
성공할 확률이 80% 이상 높다고 합니다.
먼저 자신을 사랑하는 마음부터 가져야 합니다.

나는 내가 좋다
나는 내가 정말 좋다
나는 내가 진짜 정말 좋다!!
나는 세상에서 단 하나뿐인 명품이니까!!

걱정도 팔자

아프리카의 가난한 나라에서 경제전문가가
과거에 미국과 전쟁을 한 나라치고 못 사는 나라가 없었다.
일본과 독일 모두 부자나라가 되었다고
국회에서 보고서를 발표했다.
국회의원이
"그럼 우리도 미국과 한판 붙어 깨집시다,
잘 사는 나라를 만듭시다."
국회에서 토론을 벌이다 투표를 했는데 부결되었다.
이유인즉
"그러다 우리가 이기면 어떡합니까?"

인간이 생각하는 96%는
살아가는 데 별 도움이
안 된다는 사실!!

말 달리자

인디언 부족 중에 말을 타고 광야를 달리다
일정한 시간이 되면 한 번은 휴식을 취하면서
뒤를 돌아본다고 합니다.
너무 빨리 달려서 영혼이 따라오지 못할까봐.
그러면서 말에게도 휴식을 준다고 합니다.
말과 인디언은 한 몸이 되어야
기나긴 여정에도 지치지 않는다고 합니다.

그런데 말이 무지하게 싫어하는 인디언이 있는데
말꼬리 잡는 인디언
말머리 마음대로 돌리는 인디언
말더듬는 인디언
말허리 잡는 인디언
남의 말을 가로채는 인디언

긴 여정을 같이 가는 동무에게도

말이 싫어하는 행동을 해서는 안 됩니다.
더군다나 마음에 드는 여자에게는
말이 싫어하는 행동을 절대로 해서는 안됩니다.

세계적으로 영향력이 있는 말은 '오바마'
리더십이 강한 말은 '카리스마'
고민에 쌓인 말은 '딜레마'
여자친구가 좋아하는 말 '명품빽 사주마'
아내가 좋아하는 말 '돈 많이 벌어주마'
아이가 좋아하는 말 '공부하지 마'

행복충전사 이상국이 여러분에게 주는 말
"아프지마, 걱정하지마, 성공시켜주마, 행복하게 해주마,
포기하지마, 욕심내지마……
꿈을 이루게 해주마."

남 줄 게 어딨어

모녀가 극장에서 야한 영화를 보고 있는데
"(귓속말로)엄마, 내 오른쪽 사람이 자꾸 허벅지를 만져요."
"그럼 나하고 자리를 바꿔 앉자."
자리를 바꿔 앉은 엄마가 오른쪽 남자에게 귓속말로,
"이제는 그렇게 조심하지 않으셔도 돼요!"

불필요한 것은 없다,
필요한 것과 필요하지 않은 것이 있을 뿐.

휴일날 남편들이 아내의 손에 이끌려 관리실 앞으로 모였다.
관리실 아침방송 때문이었다.
"집에서 못 쓰는 물건 있으시면 관리실 앞으로 가져오세요.
폐품처리합니다."

집과 차가 필요하다면 완성된 것을 찾아야 할 것이고
내가 원하는 사람을 찾으려면
상대가 원하는 것을 만들어가면 될 것입니다.
남 줄 게 없습니다.
내가 챙기기에도 부족함이 많습니다.

너나 챙기세요

사자와 거북이가 달리기 시합을 했다.
한참을 앞서 가던 사자가 엉금엉금 기어오던 거북이를 보고
"야, 등 뒤에 가방을 벗고 뛰어야지."
들은 체 만 체 자기 길만 열심히 가던 거북에게
사자가 또 다가가서는
"가방 벗고 뛰라니까. 말 무지 안 들어!!"
가만히 듣고 있던 거북이가 사자를 보고 하는 말
"야, 이년아 너는 머리나 묶고 뛰어."
15년을 사는 사자가 150년을 사는
거북이의 여유로움을 알 수 있을까요…….

유리하다고 교만하지 말며, 재물이 많다고 우쭐될 일이 아닙니다.
꿈이 있는 자는 느려도 지치지 않습니다.
인생이란 속도가 아니라
방향이라는 사실입니다.
당신의 "꿈"을 응원합니다.

가족이란

사자성어 공부에 한참인 아내가 금상첨화라는 말이 듣고싶어
 '여보, 얼굴도 예쁜데 요리도 잘 하는
나 같은 사람을 사자성어로?'
 '자화자찬'
그거말고 다른 것 있잖아
 '과대망상'
아니 금자로 시작하는 말
 '금시초문' ……

같이 밥을 먹던 둘째 아들 녀석이 웃지도 않고 심각한 얼굴로
 '아빠, 정말 예쁜 여학생이 있는데 사귀려면 어떻게 해야 해?'
 '용기를 내, 용기 있는 자만이 미인을 얻는 법이란다'
둘째 녀석 나와 엄마를 한참 보더니
 "아빠는 용기가 없으셨구나!!"

초등학교 2학년이 인터넷에 떠돌아다니던 시

엄마는 맛있는 것을 해 주고
강아지는 나와 놀아주는데
아빠는 뭐 하는 사람일까?

기쁨은 + 더하고
슬픔은 − 빼고
사랑은 × 곱하고
삶은 함께 ÷ 나누면서

금상첨화인 아내와 용기가 있는 아들
귀여운 딸과 함께하는 저녁 어떠세요.

망치에 맞아요

음의 박자가 맞지 않으면 '음치'
몸의 박자가 맞지 않으면 '몸치'
정신의 박자가 맞지 않으면 '정치'

그래서 정치인들이 가장 좋아하는 속담
'낫놓고 저는 기억이 나지 않습니다'

정치가 기억이 잘 나지 않으면
국민들의 망치에 한 대 맞을 수 있어요..

웃는 얼굴이 가득하고 아름다운 경치가 있는
그런 사람이 정신차리게 하는
정치가 되기를!!

내 밥그릇은 내가 채운다

시속 200km 달리는 스포츠카보다 빨리 달리는 닭이 있었다.
많은 사람들이 비싼 값으로 닭을 사기를 원했으나 팔 수가 없었다.
"잡혀야 팔지요."

시골 5일장 한 모퉁이에 똥개 한 마리가 묶여있고 그 옆에
"개 팝니다, 단돈 십만 원!"
개는 볼품이 없었으나 개의 밥그릇이 예사롭지가 않다.
언뜻 보아도 품위가 있어 보이는 골동품이었다.
그것을 본 손님이 똥개를 구매하고
"이제 개를 팔았으니 굴러다니는 개밥그릇은 나에게 주시오."
그러자 개장수가 하는 말
"개밥그릇 덕분에 오늘 강아지를 다섯 마리나 팔았는데
그 무슨 소리요?"

욕심을 채우는 일에 많은 시간을 보내지 마라.
나에게 귀중한 것은 남에게도 귀중한 것이리니
내 것이 아니라 싶거든 가지려 하지 마라.
생각의 보따리에 희망과 신용을 채우느냐
욕심과 사치를 채우느냐는 자신의 몫이다.

습관의 울타리

500원 동전과 100원 동전을 상국에게 고르라고 하면
상국이는 늘 100원짜리 동전을 고른다.
반 친구들은 좋아라 하는 상국이를 놀리며
매일같이 동전놀이를 한다.
문방구 아저씨가 상국이를 불러
"상국아 500원 동전이 더 큰 돈이란다.
다음에는 500원 동전을 잡으렴!'
그러자 상국이가
"아저씨! 매일 100원씩 벌 수 있는
수입을 포기하라는 말인가요?"

100원을 주면서 좋아하는 친구가 있고,
100원을 벌면서 행복해 하는 친구가 있다.
둘 다 만족을 했다면 가장 좋은 방법이지만
서로 다른 생각으로 만족을 했다면 이기적인 삶이다.

사람들은 남을 위하여 산다고 하지만
알고 보면 이기적인 계산으로 사는 것이 현실이다.

지하철에서 구걸을 하는 거지 깡통에
총각이 매일 만 원씩 넣어주는 것이었다.
그런데 어느 날부터인가 오천 원으로 줄어들었다.
화가 난 거지가
"만 원씩 넣다가 갑자기 오천 원으로 줄어든 이유가 뭐요?"
남자는 한참을 생각하더니
"제가 결혼을 해서 생활비로 돈이 많이 들어가서요
이거밖에 못합니다."
그러자 거지 왈
"아니 그럼 이때까지 내 돈으로 생활을 했단 말인가요?"

습관은 행동이 되고 행동은 인생이 됩니다.
'사랑한다' 라는 말의 습관과
약속시간에 먼저 가서 기다리는
배려의 습관은 아주 좋은 인생이 됩니다.

사는 게 힘들거든

사는 게 힘들어 죽고 싶다구요
그럴 때 이런 방법으로 편안히 가세요

가장 먼저 하루종일 아무것도 먹지 말아 보세요
배고파 죽습니다

아직 죽지 않았다면
어제 못 먹었던 음식을 가득 쌓아 놓고 다 먹어보세요
배 터져 죽습니다

그래도 안 되면
하루 종일 아무일도 안 하고 가만 있어 보세요
심심해 죽습니다

그래도 안 죽고 살아있거든
자신을 힘들게 했던 일에 맞서서 두 배 세 배 열심히 일해 보세요
힘들어 죽습니다

그래도 안 죽거든 500원만 투자해서
즉석복권을 사서 긁지 말고 바라만 보세요
궁금해 죽습니다

잠시후 죽을랑 말랑 할 때 즉석복권을 긁으세요
반드시 꽝 입니다
열 받아 죽습니다

이것도 저것도 안 돼서, 의학의 힘을 빌리고자 한다면
약국에서 마데카솔을 사서 똥꼬에 발라보세요
새살이 돋아 죽습니다

이래도 죽지 않는다면
당신은 이 세상에서 꼭 필요한 존재입니다
아직도 해야 할 일이 남아 있다는 증거입니다

살아가면서 한번쯤 죽고싶을 정도로 힘든 때가 있습니다

혹, 그거 아세요
당신이 있어 세상이 이렇게 빛나고 있다는 사실을……
보석이 아름다운 것은 그것을 볼 수 있는
당신의 두 눈이 있기 때문입니다.

듣는 사람이 중심이 되어야 한다

시장님이 시장에 오시면 시장함을 채울 수 있습니다.

잘 달리던 말이 말을 안 듣고
말끼리 모여서 말을 하는 것 같다.

다리가 길어서 행복한 기린이 다리를 건너려고
긴 다리를 성큼성큼 걸으니 다리가 출렁거린다.

배를 탔는데 선장이 맛있는 배를 줘서 단숨에 먹었더니
배가 아프다
배를 깔고 배에 누워 있으니 좋아지는 것 같다.

밤이 익어가는 가을밤에 군밤을 옆에 두고
새벽을 기다리니 밤은 어둡고 길다.

눈이 오는 겨울바다는 눈을 호사스럽게 한다.

듣는 사람이 중심이 되는 사이가 되어야 합니다.
살아가면서 자기가 하고 싶은 이야기와
상대가 듣고자 하는 이야기는 다를 경우가 종종 있습니다.
상대가 알아들을 수 있는 이야기를 해야 합니다.

있는 그대로의 모습으로

　　　아프리카 초원에서 운동회가 열렸는데
　　치타, 표범, 사자가 100m 출발선에서 몸을 풀고 있는데
　달팽이 한 마리가 옆 라인에 서 있었다.
　　치타가 달팽이에게
"너도 뛸려고?"
"아니 난 심판이야, 선 긋고 올게."
아직까지 경기가 열리지 못하고 있다고 합니다.

하루살이와 참새가 사랑에 빠졌습니다.
참새는 하루살이에게 고백을 했습니다.
"당신이 너무 마음에 듭니다.
내일 이 장소에서 다시 만나고 싶습니다."
그러자 하루살이
"내, 참 오래살다 보니 별 소리를 다 듣겠네."

꽃은 피워도 소리가 없고
새는 울어도 눈물이 없고
사랑은 태워도 재가 없다고 합니다.

모두가 완벽하게 다 갖출 수는 없습니다.
있는 그대로를 사랑할 줄 아는 사람이 진정한 사랑을 합니다.

강아지에게 배울 점

감기 기운이 있는데도 별 관심이 없던 아내와 아이들이
미니핀 애완견 '까미'가 쇼파에 널브러져 있으니
어디가 아픈가 싶어 걱정이다.

녀석에게 있는 장점 덕분인지라
아내가 늦게 들어와도 꼬리를 치며 반겨준다
음식을 주면 꼬리를 흔들며 행복해 한다.

강아지의 형제 자매로부터 간섭을 받지 않는
"기다려" 하면 주인이 부를 때까지 기다려 준다.
항상 초롱초롱한 눈망울로 '당신이 최고야' 라는 메시지를 보낸다.
간식을 주면 앞발을 들어 격한 반응을 보인다.

뭐 어렵지 않네!
식사 때 감사하다고 반응 보이고
집에 오면 고생했다고 안아주고
나갈 때 사랑한다고 말해주고
심심할 때 듣고 싶은 노래 틀어주고, 아니 불러주고!!
틀리다고 따지지 말고 다르다고 인정해 주고…….

귀로 먹는 보약

운전하는 사람들이 필수적으로 배워야 하는 춤은? 우선멈춤
사람들 모두가 좋아하는 춤은? 안성맞춤
춤 중에서 가장 황홀한 춤은? 입맞춤

황홀한 아침을 여세요.
사랑하는 사람에게 황홀한 춤, 입맞춤으로 하루를 여세요.

그리고 귀로 먹는 보약 '사랑해' 한 첩 드리고 시작하세요.

이기는 스타일

나는 아무리 생각해도 당신이
장동건이나 원빈보다 백 배는 멋있다.
당신이 최고야!!
살아가면서 수많은 선택을 했지만
내가 살아오면서 가장 잘한 선택이 있다면
"당신을 선택했다는 거야."

결혼을 하고 살면서 싸우지 않는 부부가 어디 있으랴.
심하게 다투고 집을 나왔는데
갈 데도 없고 다시 들어가자니 쑥스럽기도 하다.
그러나 용기있는 남편은 다시 돌아간다.
초인종을 누르고 "누구세요?"
화가 덜 풀린 아내의 목소리가 들리면
"내가 가장 소중하게 생각하는 것을 두고 나와서 찾으러 왔어."
"뭔데?"
"바로 당신!!"

이기는 스타일은 상대를 이기게 만드는 기술이다.

살맛나는 세상

소가 전쟁이 나면? 우당탕
소가 웃으면? 우하하
경상도에 가면 생고기라는 안주가 있습니다.
육회하고는 조금 다른 맛인데요,
고소하면서 담백한 맛이 납니다.
한우 한 마리에 120여 가지의 맛이 있다고 하니
그저 감탄할 뿐입니다.

국거리에 양지
구워먹어야 제맛인 꽃등심
우려먹는 도가니
원기회복에 꼬리곰탕
전골에 제맛 치맛살
데쳐 먹으면 맛나는 차돌박이……

사람도 제 각각의 맛이 있습니다.

조용하고 담백한 맛
유쾌하고 시원한 맛
성실하고 고소한 맛
깜찍하고 발랄한 맛
열정적인 화끈한 맛
소박하고 깔끔한 맛

나는 어떤 맛일까요?
내가 부족한 맛을 상대에게서 찾으려 하고
그 맛에 깊이 빠져야 사랑도 오래 갑니다.

식인종 국가에서 대통령 선거를 하면
당선 가능성이 가장 높은 공약이 바로
'살맛나는 세상' 입니다.

위대한민국 지도자들도 '살맛나는 세상' 만들어 주세요.

놈놈놈

여자가 남자 화장실에 들어가면 실수한 여자
남자가 여자 화장실에 들어가면 변태같은 놈
여자가 더치페이 말하면 당당하고 현명한 여자
남자가 더치페이 말하면 쪼잔하고 능력없는 남자
여자가 기습키스를 하면 로망스 있는 멋진 여자
남자가 기습키스를 하면 귀싸대기 맞을 무식한 놈
여자가 남자 쳐다보면 섹시한 여자
남자가 여자 쳐다보면 밝히는 놈
여자가 남자 때리면 용감한 여자
남자가 여자 때리면 짐승같은 놈
여자가 힘든 일 하면 대단한 여자
남자가 힘든 일 하면 머리나쁜 놈

여자가 실수로 거시기를 만지면 경찰 왈,
"뭐 그런 걸 다 신고하십니까? 멋진 여자"
남자가 실수로 만지면 경찰 왈,
"상습범 맞구만. 집어넣어. 개같은 놈!"

이 시대를 꿋꿋이 헤쳐나가는 남자들이여
세상에서 가장 멋진 놈, 잘난 놈, 유쾌한 놈으로 살지어다.

아이의 희망

원이가 다니는 수학학원은 수능시험에 대비하여
문과, 이과를 구별하여 수업을 진행한다.
문과를 지원한 원이에게 아빠가 물었다.
"그래 원이는 장래의 꿈이 뭐니?"
"백수인데요."
요즘 아이들은 꿈 꿀 시간이 없다고 하는데
목표가 뚜렷한 원이에게
"목표가 뚜렷하구나. 분명 이룰 수 있을 거야."

그렇지, 어른이 되어서

백 번 웃는 인생보다

수시로 웃을 수 있는 인생이 아름다운 거지!!
꿈보다 해몽 아니던가.

백 번 넘어져도 백한 번 일어나고
수학적인 계산보다 지혜로운 삶을 살아가게 하세요.
아이가 허황된 꿈을 꾸더라도 화내지 마세요
꿈을 믿어 달라는 것이 아닙니다.
그 아이를 믿고 응원하면 되니까요.

43

존중

신부님과 유태인이 만나 식사를 하고 있었다.
신부님이 고기를 먹지 않는 유태인에게 농담을 던졌다.
"돼지고기와 소고기를 좀 드셔보시지요."
그러자 유태인의 대답!
"하하 감사합니다,
신부님 결혼 피로연에서 먹기로 하지요."

남을 비하하면 자신이 올라 간다고 생각하는 사람
남을 존중하면서 자신을 낮추는 사람
존중과 비하는 반비례가 아니라 비례공식이다
상대를 먼저 존중하면 자신은 더 높은 존중을 받는다.

리더의 유머

김희국 국회의원님은 머리가 대머리이다.
지역구 의정보고회를 함께 진행하는데 야당 패널에게서
조금 껄끄러운 질문이 들어왔다.

국회에서도 인기없는 의원들이 많다고 하던데
의원님은 국회에서 인기없는 의원 아닌가요?
"아닙니다. 저는 국회에서 동료의원들로부터 인기가 최고입니다.
서로 사진을 찍으려고 난리가 아닙니다.
저의 머리가 반짝거려 후레쉬가 안 터져도 사진이 잘 나오거든요!"
그러면서 대머리를 만지작거린다.
자신을 낮추고 재치와 호탕한 대답에
의정보고회는 200%의 효과를 볼 수 있었다.

부전자전

매일 술을 먹고 들어오는 상우가 못마땅한 아버지가
"술만 매일 먹고 들어오는 너에게는 절대로 집을 물려 줄 수 없다."
그러자 상우는
"이렇게 흔들리는 집은 저도 받고 싶지 않아요!"
상우가 잘 들어갔는지 궁금한 우식이가 상우네 집에 전화를 했다.
"저 우식인데요, 상우네 집이죠?"
전화를 받은 아버지는
"아니다, 여기는 내집이다."

부모님은 가로등과 같다고 합니다.
어둠이 내린 뒤에야 비로소 그 소중함을 깨닫게 되지요.
늘 같은 자리에서 비바람이 몰아쳐도
밤새 눈이 내려도
자식의 앞날에 밝은 빛이 되어 주시는
가로등 같은 존재가 바로 부모님입니다.
해가 진 후에
칠흑같은 어둠이 내려오면
그 고마움을 ……
늦기 전에 지금 바로 전화 한 통 하세요.

가장 빠른 충청도

농로에서 트랙터와 가스 배달차량이 마주쳤다.
퇴비를 싣고 밭으로 가는 트랙터는
가스차량을 보고 비켜달라고 하고
가스배달차는 급하다며 트랙터보고 양보를 해달라고 한다.
"비켜주세요."
화물차가 손짓을 하자 트랙터 농부가 목을 빼고 한마디 한다.
그러자 화물차는 아무 말없이 양보를 한다.
트랙터 농부가 한 말
"그렇게 바쁘면 어제 오지 그랫시유!
전 어제 출발했시유."
말이 느리다고 알고 있지만 재치와 위트는 엄청 빠르다.

박사가 넘치는 세상

경북과학기술원(Dgist)에 행사가 있어 행복 힐링강의를 갔다.
정문에서 대강당이 어디냐고 물으니
"예 박사님 앞 사거리에서 좌회전 하시면 됩니다."
"예" 하고는 대강당을 찾았는데
나는 박사가 아닌데 박사라고 알고
위치를 가르쳐준 수위아저씨에게 미안한 마음이 들었다.

행사 후 대강당에 그 분이 오셨다.
그래서 내가
"저 선생님… 저는 박사가 아니구요 그냥 강사입니다."
라고 하자 "여기는 조금 나이가 있다 싶으면 다 박사님이세요,
거의 다 박사과정이기 때문에 박사라고 불러드려야 실수가 없어요.
제가 편한 대로 부른 것이니 신경쓰지 마세요." 라며 웃는다.
박사 후배녀석이 여기는 박사천국이야라며 거든다.
"형, 박사보다 높은 게 뭔 줄 알아? 도사"
"그래 도사야. 도사보다 따기 힘든 게 밥사이고,
밥사보다 더 따기 힘든 게 술사…
형이 오늘 술 사…!"
삶을 윤택하게 하는 것은 학문이 높은 박사도 좋지만
따듯한 마음으로 올라가는 밥사와 술사가
돼 보심도 좋을 듯합니다.

행복에는 특별한 이유가 없다

둘째녀석은 지구력이 뛰어나다.
한 가지 일을 하면 꽤 오랜 시간 동안 집중한다.
봄방학을 맞이하여 오후 1시가 되어서야 잠자리에서 일어난다.
일 주일 동안 한 번도 어긴 적이 없다.
전날 11시경에 잠자리에 드니 13시간을 한 가지 일에 집중한다.
점심식사를 마친 그분께서는
만화영화에 심취하여 보고 계시기에
"고1이 볼 만한 프로가 만화는 아닌 것 같은데."라고 하자
"아빠, 동심의 순수한 마음을 잊지 않으려고 합니다.
저도 6년만에 처음 보는 거예요!"
뚜렷한 자기 생각까지 하고 있으니 녀석은 뭐가 돼도 잘 될 놈이다.
그는 내 새끼다.
지금 내눈에서 웃으며 만화영화를 보고 있다.
그래서 행복하다.
사랑하는 사람은 존재하는 것만으로도 행복해진다.

49

양보하는 마음

한참을 기다려도 버스가 출발을 하지 않아
화가 난 한 청년이 차를 발로 차며
"이 똥차 언제 출발해요, 예!"
운전기사는 청년을 보며
"똥이 차야 가지."

외국인이 한국에 와서 가장 빨리 배우는 말
'빨리 빨리' 라고 한다.

어지간하면 사랑을 확인하던 부부가 대판 싸운 것도
양보없는 빨리 빨리 때문이라고 하던가.
아내가 물었다.
"여보 아직도 나를 사랑해?"
"당연히 사랑하지."
"내가 죽으면 당신 울어 줄 거야."
"그걸 말이라고 해. 얼마나 슬피 울 텐데!"
"그럼, 어떻게 우는지 자기야 한번 울어줘 봐!"
물끄러미 바라보던 남편
"그전에 자기가 먼저 빨리 죽어!!"

빠르다고 다 좋은 것만은 아닌 것 같습니다.
때로는 기다려주는 양보가 삶을 웃음짓게 합니다.

사랑의 반대말은

'낯선 여자에게서 내 남자의 향기가 난다'를 다섯 글자로?
혹시 이 년이

'내 남자에게서 낯선 여자의 향기가 난다'를 다섯 글자로?
내코는 개코

사랑의 반대말은 이별이 아닙니다
사랑의 반댓말은 '무관심' 입니다

남자들이 꼭 들어야 하는 말

남자는 두 여자의 말을 잘 들으면 성공한다고 한다.
하나는 네비게이션 말이고 하나는 마누라 말이다.
은행에 근무하는 김 과장의 집에 급하게 전화벨이 울린다.
"여기 Y병원 응급실인데요 김 과장님댁이죠?"
남편께서 야근을 마치고 퇴근하시다가 교통사고로 운명하셨습니다.
병원 응급실에 도착하니 남편은 흰천에 덮여 있고
아내는 슬피 울고 있는데
죽었다던 남편이 눈을 뜨고는
"여보 걱정하지마 나 안 죽었어." 하는 게 아닌가.
깜짝 놀란 아내는
"당신이 뭘 알아요!!
 의사가 죽었다고 하면 죽은 거예요. 말 들어요!"
하고는 휙 나가 버렸다.
때마침 큰아들이 들어왔다. 이때다 싶은 남편은
"아들아 슬퍼 마라. 아빠 이렇게 살아 있단다."
그러자 아들이 아빠의 손을 잡고
"아빠 이제 제발 엄마 말 좀 들어요.

엄마가 죽었다고 하면 죽은 거예요." 아들의 말에
깜짝 놀라 일어나니 다행히 꿈이었다.
아내는 옆에서 고요한 바다를 건너듯 잔잔한 미소로 잠들어 있다.

여자가 6만 단어, 남자는 2만5천 단어를 하루에 사용하는데
여자가 더 많은 말을 하는 것은
남자들이 말씨를 못 알아들어서이다

남자는 정확하고 항상 옳은 판단만 한다고 믿는다.
목적지를 갈 때는 인터넷과 지도를 펼쳐놓고
소요시간 교통현황까지 파악하여 출발하는 철저함이 있다.
그런데 세상사 인간사가 준비한 대로 계획한 대로 된단 말인가.
아내의 말에도 존중하고 들어주는 귀를 열 때가 되었다.

감정평가의 최고가

권대동 감정평가사는 사람을 끌어당기는 은근한 매력이 있다.
늘 겸손하고 조용한 성격이지만 자신을 소개할 때는
땅, 부동산, 비행기, 배, 심지어 함공모함까지 감정을 해서
적정한 가격을 제시하는 감정평가사 권대동이라고 한다.

제가 감정가를 책정할 수가 없었던 경우가 두 번 있는데
"한 번은 제 아내를 처음 만났을 때이고
한 번은 바로 지금입니다.
당신의 아름다움을 도저히 돈으로 계산할 수가 없네요.
만나뵙게 되어서 영광입니다."

최고의 상대를 만나고 있는 나는 과연 어떤 존재일까요
최고가 최고를 볼 수 있습니다.

웃음꽃

행사 진행을 가면 꽃이 많이 들어온다.
버리는 꽃은 챙겨온다.
챙겨와서 꽃병에 꽂아 두는데
물을 자주 갈아주지 않아 곧 시들어버리는 경우가 많다.
아내는 실망한 목소리로
"꽃이 너무 빨리 시들어 버렸네. 어떡하지!"
나는 아내의 허리를 끌어 안으며
"우리 집 꽃은 당신 하나로 충분해."

가끔 핸드폰 문자로
"자기야 지금 거울을 봐
예쁜 장미꽃 한 송이가 보일 거야!"
부부간에 피는 가장 아름다운 꽃은?
바로 '웃음꽃' 입니다.

새마을정신으로 무장하라

대한민국이 부강한 나라가 된 것은
새마을운동정신이 한 몫을 했다.
근면, 아버지들은 근면했다.
수확철인 10월과 11월은
추수와 겨울 준비로 몸이 두 개라도 모자라는 시기이다.
벼농사 밭농사 겨울땔감 준비 집수리 등 겨울채비를 하느라
몸이 만신창이가 되어도 근면한 정신으로 아이를 만들었다.
생년월일이 8월과 9월생들은
아버지가 누구보다 근면했다고 보시면 된다.
자조, 장가를 가서 아이를 만드는 방법을 교육받지 않았어도
스스로 알아서 아이를 만들었다.
정말 대단하지 않는가.
협동, 품앗이, 두레정신이 강했다.
한번 도움을 받으면 반드시 같은 방법으로
갚으려는 정신이 있었다.

똘이 엄마는 밤이 늦어서야 집에 들어오자
똘이 아빠가 화가 나서,
"어디 갔다 이제 오는거야?" 라고 화를 내자
똘이 엄마는
"윗동네 철이 아빠가 거시기가 작동을 안 한다고 해서 고쳐주고 오는 길이야."
똘이 아빠가 화가 잔뜩나서 "당신 미쳤어?"
똘이 엄마는 아무렇지 않은 듯이
"자기야! 걱정하지마! 자기가 거시기가 안 되면
철이 엄마가 와서 고쳐주기로 했어."

누구도 가르쳐 주지 않은 시크릿…
그러나 스스로 알아가는 게 인간이다.
근면, 자조, 협동으로 행복한 가정을 재건합시다.

아내를 행복하게 죽이는 방법

1. 퇴근하자마자 집으로 직행하여 아이들과 웃고 뒹굴고 놀아준다.
   아내가 하루종일 공들여 온 아이의 사랑이 남편에게 가는 것을 보고 질투나 죽는다.

2. 담배를 끊으세요. 아내는 알게 모르게 간접흡연으로 중독이 되어있다.
   금단현상으로 힘들어 죽는다.

3. 아내에게 한 달에 한 번 이상은 친정이나 친구들과 함께 할 수있는 여행을 보내준다. 집을 떠난 첫날은 견디겠지만 믿지 못하는 남편 때문에 걱정이 돼서 죽는다.

4. 지금부터 '사랑해' 라고 하루에 3번 이상 말을 한다. 아내는 '이 인간이 무슨 짓을 한 거야' 하고 그 내용을 알고 싶어서 얼르고 달래고 할 거다. 그냥 매일 사랑한다고 말하라 그러면 답답해 죽는다.

5. 생일, 결혼기념일에는 멋진 레스토랑에 예약을 하고 와인도 준비하고 명품가방도 준비한다.
   추억을 생각하여 돈까스를 시키고 비발디의 사계중 봄을 준비해 달라고 해라. 감동한 아내는 벌써 입을 다물 줄 모르고 돈까스가 나올 때쯤 아내가 묻는다. "자기야 지금 이 곡은 무슨 곡이야?" 남편은 돈까스를 보고 이 고기 "돼지고기야." 어이없어 죽는다.

6. 휴일에는 쇼핑을 보내고 청소 빨래 설거지 등을 신나게 한다.
   정말 심각한 이야긴데… 할 일 없어 죽는다.

그래도 안 죽으면 그냥 살아라! 단, 해 보기는 분명히 해 보라.

삶이란

삶이란 무엇인가?
삶의 의미를 알고 싶어 고뇌에 빠졌던 고등학교 시절이 있다.
상주에서 대구로 향하는 비둘기호 열차 안에서 나는 깨달았다.
삶은 계란이다.
"삶은계란 있어요. 선데이 서울 있어요. 시원한 사이다 있어요."

'삶은계란' 이다.
계란은 누군가의 손에 의해 깨어지면 후라이가 되고
스스로 깨고 나오면 병아리가 된다.

삶이란 주도적으로 살아야 하는 것이다.

나이가 어느덧 불혹의 나이가 지나
삶은 무엇인가를 다시 깨닫게 되는 일이 있었다.
삶은 '돼지고기' 이다.

모르면 물으면 돼지
없으면 만들면 돼지
부족하면 채우면 돼지

반복과 연습

목사님 신부님 스님 세 분이서 골프를 즐기고 있는데
목사님이 자꾸만 OB가 나는 것이다.
"씨방쌔 정말 안맞네."라고 욕을 하자
신부님이 "성직자가 욕을 하시면 안 되지요."
다음 홀에서 벙커에 공이 빠지자
"아주 지랄을 해요, 씨부랄!"
이 말을 들은 신부는 그 자리에서 두 손을 모으고
"하느님 성직자가 입에 담을 수 없는 욕을 하고 있사옵니다.
큰벌을 내려 주십시오."
말이 떨어지기가 무섭게 번개가 번쩍 하더니
옆에 있던 스님이 그만 맞아서 죽고 말았습니다.
"아니 하느님 제가 목사를 벌 주시라고 했는데
왜 스님에게 벼락을 내려 치십니까?"
그러자 하느님
"야 오늘 더럽게 안맞네!"

하느님도 제대로 안 맞을 때가 있습니다.
골프선수 최경주가 타이거우즈가 나보다 골프를 잘 치는 이유는
"나보다 더 많은 연습을 했기 때문"이라고 했습니다.
무한한 연습과 반복만이
당신의 꿈을 더 가까이 만들어 드릴 것입니다.

무한
연습과
반복만이
꿈을
이룬다

사람은 때가 있습니다

여수 유캐슬 '유심천' 온천에
있는 안내문구입니다.

사람들은 모두 '때'가 있습니다
'지금이 바로 그때' 입니다
벨을 눌러 주세요

지금은 어떤 때인가요?
잊었던 사람에게 전화할 때입니다.
불편했던 사람에게 사과할 때입니다.
가까운 사람에게 고맙다고 인사할 때입니다.
배우자에게 사랑한다고 말할 때입니다.
꿈을 향한 열정을 불태울 때입니다.
때를 놓치지 마세요.
매일 아침 '오늘' 이라는 최고의 선물을 받았습니다.
지금 당신은 가장 행복할 때입니다.
그렇다면 나는 □□□□□□ 때입니다.

위대한 자신을 믿으세요

가족이 타고 가던 승용차가 신호위반에 걸렸다.
교통경찰이 면허증을 제시하라고 하자 운전자가
"죄송합니다, 면허가 취소돼서……."
"아니 무면허란 이야기입니까?"
옆자리의 아내가
"한 번만 봐주세요. 오늘 어머님 생일이라 딱 두 잔만 했어요."
"술까지 했다구요?"
뒷자리에 앉은 할머니
"애비야 글쎄! 훔친 차로는 멀리 가지 못한다니께!"

천둥이 치면 비가 오는 게 순리이고
바람이 불면 파도가 넘치는 게 순서입니다.
태풍에 나뭇가지가 부러져도 쓰러지지 않듯
마음에 비바람이 몰아치면 흠뻑 맞아 보세요.
단단한 뿌리가 쉽게 넘어지지 않는 자신을 볼 수 있습니다.

당신이 소중한 이유

12월의 어느 날 바다 위에서 일출을
비행기에서 맞이한 덕재는 성혁에게 물었습니다.
"왜 사람들은 1월 1일이 되면 해돋이를 보러 간다고
난리법석을 떨까? 매일 저렇게 해가 뜨는데 말야."

"그년하고 그년이 달라서 그런 거야!
가는 년은 보내고 오는 년은 맞이하기 위해서지."

석양이 아름다운 것은 구름이 있는 덕분이고
인생이 아름다운 것은 추억이 있는 덕분입니다.
그리고 그 추억을 만들 수 있는 것은 바로
내가 '존재한 덕분' 입니다.

태양이 찬란한 것은
소중한 당신을 위한 선물이라는 사실입니다.

재혼이 뜨는 이유

주례 없는 결혼식에서 신부에게 물었습니다.
"신랑의 어디가 마음에 드셨나요?"
"모두 다요."
황혼이혼 신청을 한 어머니에게 물었습니다
아버님의 어디가 마음에 들지 않으세요?
"모두 다요."

신혼이란 신나기도 하고 혼나기도 한데요.
이혼이란 이제는 혼자 혼나라고 한데요.

이혼하는 사람들의 성격 문제, 고부 갈등, 금전 문제 등이 많지만
이혼의 근본적인 문제는 결혼이 아닐까요.

어차피 인생이란 문제 투성인데
지혜롭게 해결하는 방법 속에 행복이라는 것을 찾는 것입니다.

6075신중년 분들이 이왕이면
'재미있게 혼나' 는 재혼이 뜨고 있다고 하네요

뜨거운 여름에 바람이 시원한 까닭은

여름이 뜨거운 것은?
되는 일이 없어 열 받은 사람이 많아서 그렇다고 하고
열정적으로 사는 사람이 많아서 그렇다고도 하고
원래 여름은 햇빛이 뜨거워 그렇다고도 하는데
이유를 막론하고 이때 부는 바람은
참으로 시원하다고 하는데 이설이 없다.

바람이 시원한 까닭은?
상대를 응원하는 잘되기를 바람,
잃어버린 목표를 찾기를 바람,
당신의 꿈이 꼭 이루어지기를 바람,
두 사람의 사랑이 행복하기를 바람이 부는 까닭입니다.

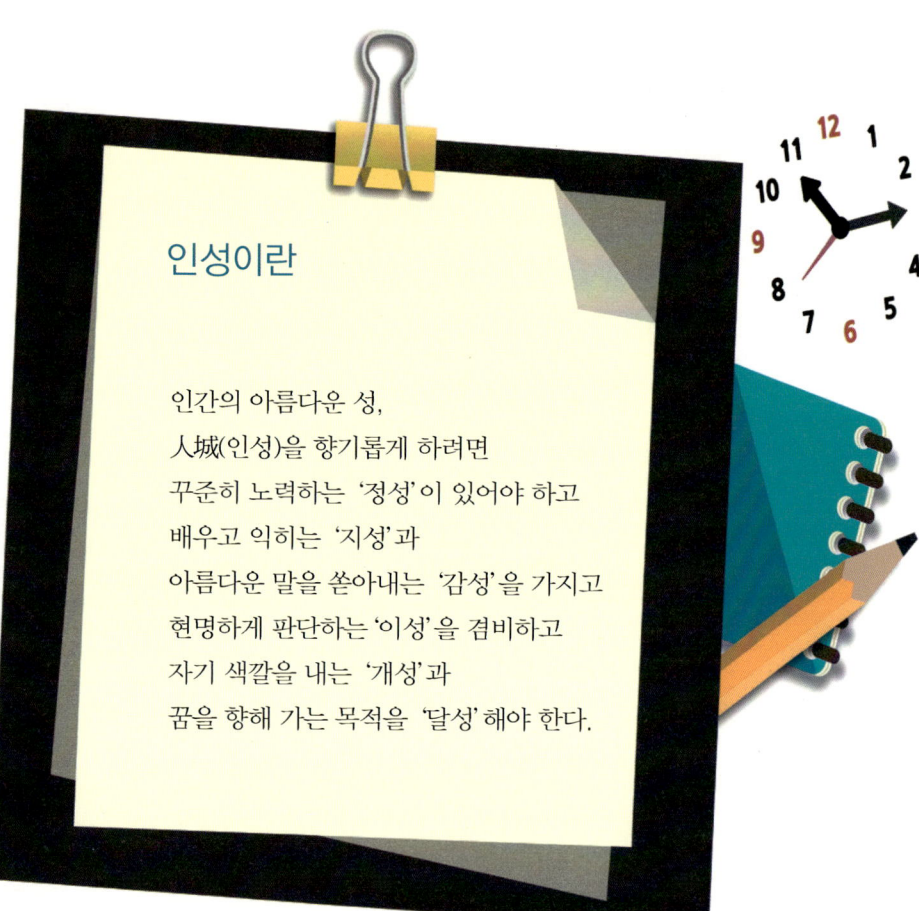

인성이란

인간의 아름다운 성,
人城(인성)을 향기롭게 하려면
꾸준히 노력하는 '정성'이 있어야 하고
배우고 익히는 '지성'과
아름다운 말을 쏟아내는 '감성'을 가지고
현명하게 판단하는 '이성'을 겸비하고
자기 색깔을 내는 '개성'과
꿈을 향해 가는 목적을 '달성' 해야 한다.

이런 남자

'막둘이대' 보다 '잘들이대' 는 사람이 되겠습니다.
'끈적임' 보다 '끈기 있는 사람' 이 되겠습니다.
'향수' 를 쓰기보다 '향기로운 사람' 이 되겠습니다.
'화난 얼굴' 보다 '환한 얼굴' 을 가진 사람이 되겠습니다.
'남을 이용하기' 보다 '남에게 인정받는 사람' 이 되겠습니다.
'주연배우' 가 되기보다 '인생의 주인공' 이 되도록
자신을 사랑하는 사람이 되겠습니다.
'소유의 행복' 보다 '존재의 행복' 이 되겠습니다.
'건성으로 살기' 보다 '건강한 사람' 이 되겠습니다.
'생각만 하는 사람' 보다 '행동하는 사람' 이 되겠습니다.
'돈을 잘 벌기' 보다 '돈을 잘 쓰는 사람' 이 되겠습니다.
'유행을 따라가기' 보다 '유머 있는 사람' 이 되겠습니다.
이런 남자는 대체로 남의 것이 많다.
참 기묘하죠?

틀림이 아니라 다름이다

태양이 이글거리는 한여름에
수박을 소금에 찍어 드시는 모습을 본 형곤이는
할머니가 드디어 치매가 온 것이라 생각하고,
"할머니 수박을 왜 소금에 찍어드세요?"
그러자 할머니
"소금만 먹으면 너무 짜잖아!"

"틀림을 고치려 하지 말고 다름을 이해하라."

아들이 토마토에 케찹을 찍어 먹자
"아들아, 케찹은 토마토로 만든 거란다."
"예 알아요."
"아빠, 고추장도 고추로 만든 거예요."

사업을 하는 우석이는 술을 먹고 난 다음 날
피자로 해장을 한다고 한다.
느끼하지 않냐구 물으니
"형, 피자로 해장을 하면 살아있음을 느껴!"

순대국으로 해장을 하는 종태는
그렇게 좋아하는 들깨는 넣지 않는다.
"아침 해장 순대국에 들깨를 넣으면 '술이 덜 깨!'"

향기 나는 말

아내가 백화점에서 세일을 한다며 사온 원피스를 입고 나에게 묻는다.
"자기야 이거 엄청 비싼 건데 잘 골랐지?"
남편은 무심결에
"자기는 옷 고르는 재주가 너무 없어. 뭐 그런 걸 골랐어!"
화가 난 아내
"그래 내가 고르는 재주가 없어 너 같은 걸 골랐지!"

화가 나서 돌아서는 아내의 옷을 잡으며
"옷에 풀이 묻었네."
"무슨 풀?"
"뷰티풀이……"
당신의 아름다움에 옷이 죽었잖아.

신문지에 생선을 싸면 비린내가 나고 꽃을 싸면 향기가 납니다.
사람의 말에도 피하고 싶은 비린내가 나기도 하고,
향기로운 꽃내음이 나기도 합니다.
그대의 아름다운 입술에 향기로 피어낼지어다.

4대 메이져 국가 이상국

가장 값비싼 금은 지금!
가장 좋은 신발은 맨발!
가장 좋은 향기는 인내!
이상적이고 가장 완전한 나라는 이상국

땅에 단단히 두 발을 딛고
꿈을 향하여 인내하며 나아간다면
행복이라는 웃음꽃을 피우는
이상국가를 반드시 만나게 됩니다,
바로 지금...

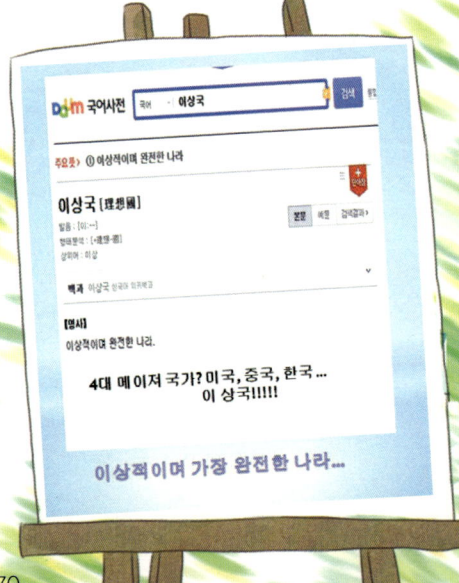

백보도 양보하지 못하는 인생

충청도 사투리
손님을 접대하러 간 거래처 사장님
"보신탕 할 줄 아세유?" "개혀."
나이트에서 마음에 드는 아줌마를 만났을 때
"저와 춤 한번 추시겠어요?" "츄튜"
"친구가 먼저 저승으로 가버렸어요!" "갔슈…"

이에 버금가지 않은 성질 급한 경상도 사나이
"자네가 그렇게 이야기를 하니까 내가 그렇게 이야기를 했지
자네가 그렇게 이야기를 하지 않았으면
내가 그렇게 이야기를 했을 리가 있겠나?"를 세단어로 줄이면
"니가 카이 카지, 안 그카믄 카겠나?"
할머니 좀 비켜주세요 3글자로 "할매 쫌"
한 글자로는 "쫌"

평생 길을 양보해도 백보에 지나지 않을 것이며
평생 논두렁을 양보해도 한 마지기도 넘지 않을 것이다.
언어가 통하지 않는 것은
내가 듣고 싶은 말만 들으려 하기 때문일 것이다.
마음을 열고 상대의 눈을 보면 통하지 않는 단어는 없다.
눈이 웃어라, 그러면 상대도 웃을 것이다.
그것으로 대화는 충분하다.

Mood

무게감도 있고 위트도 있으면서
드라마틱하게 빛나는 남자

일출의 찬란함과 석양의 여유가 함께하는
이기주의가 아니라 이타적인 인생관과
삼척(아는 척, 잘난 척, 있는 척) 하지 않고
사통팔달 귀를 열어두고
오~ Yes 긍정적인 유쾌한 남자

나를 바꿔라

눈이 많이 와서 여자가 빗자루를 들고
마당을 청소하러 나갔는데
누군가 마당을 깨끗이 청소해
놓았다를 6글자로 하면?
'쓸데없는여자'

남이 차를 천천히 몰면 '소심운전'
내가 천천히 몰면 '안전운행'
남의 남편이 설거지 하면 '공처가'
내 남편이 설거지 하면 '애처가'
며느리는 남편에게 쥐어 살아야 하고,
딸은 남편을 휘어 잡고 살아야 한다.
사위가 처가에 자주 오는 것은 당연한 일이고,
아들이 처가에 자주 가는 것은 줏대 없는 일이다.
내가 낮잠을 자는 것은 피로를 회복하는 보약이고,
마누라가 자는 것은 게을러서 그렇다.

세상을 바꿀 수 없다면 나를 바꿔라.
사랑하는 사람을 끝까지 격려하라.
사람들은 잔소리 하는 대로가 아니라 격려하는 대로 살아간다

비워야 채울 수 있다

정신과 병원에 한 남자가 찾아와
정상인과 정신 장애인을 어떻게 구분하냐고 물었다.
"예 그것은 간단해요. 욕조에 물을 가득 채워
숟가락과 양동이를 주면서 깨끗하게 비우라고 하죠."
"아 그럼 정상인은 양동이로 물을 퍼내는군요."
상대를 한참 쳐다본 의사는
"정상인은 배수구의 마개를 뺍니다."

영화 박신양 주연의 '달마야 놀자'에서
주지스님이 건달과 스님에게 깨진 독을 주면서 물을 가득 채우라고 한다.
먼저 채운 사람에게 의견을 들어주겠다 했다.
갖가지 방법을 써 보았지만 깨진 독에 물을 채울 수가 없었다.
건달과 스님들은 주지스님에게 따졌다.
"깨진 독에 물을 어떻게 채워요,
이것은 말도 되지 않는 경기입니다."
말없이 주지스님이 그 독을 들고는 연못에다 던져 버린다.

연못에 빠진 독에는 한 그득 물이 차고 넘치는 것이 아닌가?
"자신을 비워라, 그리고 던져라."
그러면 넘칠 것이다!!

비워라 채워진다.
그리고 뭐 그리 많이 가질 것도 없다.

힘이 되는 음식

세상에서 가장 맛있는 우유는?
매일우유, 서울우유, 연세우유, 파스퇴르 우유……
세상에서 가장 맛있는 우유는
　'아이러브우유(I LOVE YOU)' 입니다."
유효기간이 없으면 많이 먹어도 배탈나지 않구요
먹으면 먹을 수록 건강하고 튼튼해지는 우유입니다.
연인에게 배우자에게 부모님에게 자식에게 친구에게
형제에게 지금 배달해 주시겠습니까?

그리고 '비타민V' 도 함께 보내세요.
먹을 수는 없지만 가질 수는 있는 최고의 영양제 'Vision' 입니다.
love을 마시고 Vision으로 미래를 만들어 가면서
가장 맛있는 라면, 당신과 '함께라면' 을 먹으며 달리자구요!

함께라서 행복해요.

애처가 콘테스트

결혼은 8:2가 가장 좋다고 합니다.
상대에게 받은 것의 네 배를 다시 주면 가장 행복하다고 합니다.
세계 애처가 콘테스트가 열렸는데
한국이 꼴찌와 일등 모두를 받았습니다.
꼴찌의 이유는 "아내를 돌같이 보라"였고
3위는 최영 장군 후손의 미국 남편이 차지했는데
"아내를 위한, 아내에 의한, 아내를 위하여"이었구요
2위는 프랑스의 철학자가
"아내가 나를 위해서 무엇을 해 줄것인가를 바라지 말고
내가 아내를 위하여 무엇을 해 줄 수 있는가"를 생각하라.

대망의 1위는 한국의 상국이가 차지했는데
"나는 아내를 위하여 역사적 사명을 띄고 이 땅에 태어났다."
가훈이 '남존여비' 남자의 존재는 여자의 비위를 맞추기 위함이다.

대한민국 남자들이 가장 좋아하는 가르마 8:2
팔(8)자란 상대를 이(2)해하기 나름입니다.

삼척과 이별하세요

첫째 '잘난 척' 과 이별하세요.
인기있는 사람이 되려면 삼척동자와 이별을 해야 합니다.
미국의 한 경노당에서 할머니 한 분이 자식자랑을 합니다.
"첫째는 주지사고, 둘째는 국제변호사야."
그 옆의 할머니가
"큰딸이 성형외과 의사이고 둘째 놈은 하원의원이야."
그 옆의 한 할머니가 아무 말도 하지 않고 있으니
주지사 할머니가 궁금해서 물었다.
"여보시오! 아들이 하나 있다고 하지 않았나? 뭘 하는가?"
그러자 "응, 집에서 놀아!"
걱정스런 눈으로 하원의원 할머니가 "걱정이겠구만."
그러자
"아니야. 아까 말한 주지사, 국제변호사, 의사,
하원의원이 모두 내 아들 친구야."

둘째 '있는 척' 과 이별하세요.
여고동창생 모임에 에쿠스를 몰고온 동창이
소형차를 몰고 온 친구에게,

"어머머 차 예쁘다. 장난감 같구나!
우리 딸 대학입학 선물로 저거 사주면 되겠다.
얼마 주고 샀어? 어머 하하하"
가만히 듣고 있던 소형차 동창생이
"어 저거 벤츠 사니까 끼워 주던데!"

셋째 '아는 척'과 이별을 해야 합니다.
파고다 공원과 탑골공원은 다르다고 주장하는 사람
LA와 로스앤젤러스는 멀리 떨어져 있다고 주장하는 사람
몽골반점이 중국집이름이라고 주장하는 사람

잘난 척, 있는 척, 아는 척은
시쳇말로 "정말 ㅇㅇㅇㅇ" 합니다.
인기 있는 사람이 되려면 삼척동자와 이별을 하세요.

남자들이 버려야 할 삼척동자는
10대 큰 척, 20대 센 척, 30대 잘 하는 척까지는
용서를 하겠습니다.
40대 자는 척, 50대 아픈 척, 60대 죽은 척은
과감히 이별을 해야 한다고 봅니다.

나의 장점

대두(大頭)클럽이 있습니다.
대가리가 큰 인간들의 모임이죠.
연예인 중에도 몇 명이 있고,
여러 방면에서 두각을 나타내고 있습니다.
머리가 크다고 머리가 좋은 것은 아닙니다.
가끔 머리가 큰데 머릿결까지 좋은 놈은 나올 수 있습니다.
머리가 커서 좋은 점은
미용실에서 컷할 때 머리가 커도 돈은 같이 받습니다.
멀리서도 발견하기가 쉽습니다.
머리무게를 받치느라 목근육이 발달하여
목디스크에 걸릴 확률이 낮습니다.

그러자 머리도 크고 머리가 없는 한 박사가 한마디 한다.
대머리가 좋은 점
샴푸가 적게 든다
세수와 머리감기를 한 번에 할 수 있다
햇빛이 반사되어 하느님이 발견하기 쉽다

나쁜 점을 무조건 좋게 보는 것이 긍정은 아니다.
주어진 상황에서 가장 좋은 방법을 찾아가는 게 긍정이다.

집에만 있는 아내를 오리에 비유하면 '집오리' 이고
돈도 안 벌면서 매일 쇼핑하는 아내를 '탐관오리'
집안 일도 잘 하고 돈도 잘 버는 아내를 '황금오리'
돈을 많이 남기고 먼저 떠난 아내를 '아싸가오리'
빚만 잔뜩 남기고 떠난 아내는 '어찌하오리' 라고 합니다.

퇴근하고 돌아온 남편에게 탐관오리님이 기쁜 목소리로
"여보 나 오늘 200만 원 벌었다."
"아니, 당신이 무슨 재주로?"
"응! 오늘 백화점 갔는데
지난겨울에 400만 원 하던 밍크코트가
50% 세일하더라구, 200만 원에 하나 샀어."

나는 대가리가 커서 좋다
장점을 담을 수 있는 그릇이 크다.

상상이 안 간다

월급에 보너스가 나오면 기분이 정말 좋다.
월급 받는 것도 행복한데 보너스까지 얹어주면 기분이 짱이 아닐까?
칭찬도 마찬가지이다.
여자친구를 만나서
"자기는 얼굴도 예쁜데 마음까지 아름다우니
자기와 만나는 매일매일이 얼마나 행복할지 상상이 안 간다."
학교에서 돌아오는 아이에게
"튼튼하게 자라주는 것만으로도 고마운데
공부까지 열심히 하니 얼마나 멋지게 살아갈지 상상이 안 간다."
아내에게
"일하는 것도 야무지게 잘 하는데 남편 챙기는 것까지 빈틈이 없으니
내 결혼생활이 얼마나 행복할지 상상이 안 간다."

남편에게
"일도 잘하고 능력도 있는데 일찍 들어와서 가족들과 함께하니
당신의 자상함은 어디까지인지 상상이 안 간다."

친구에게
"자네의 성실함에 배우고 있는 중인데 열정까지 뜨거우니
자네의 성공이 어디까지인지 상상이 안 간다."

여러분도 한번 만들어서 활용해 보세요
상상이 현실이 됩니다.

지는 게 이긴다

예쁜 아가씨가 포도를 사러 총각네 과일가게에 들어갔다.
"아저씨 포도 한 상자 얼마예요?"
아가씨가 마음에 있던 노총각
"뽀뽀 한 번에 포도 한 상자입니다."
"어머! 그럼 선물도 하게 10상자 주세요."
신이 난 과일가게 노총각
"이제 계산하시죠. 포도 10상자이니 뽀뽀 10번."
"계산은 할머니가 할 거예요. 할머니 여기!!"

기세가 등등하게 과일가게를 나온 할머니는
"거 참 오랜만에 밥값 했네." 하신다.

할아버지는 내기게임에서 늘 할머니에게 진다.
묘안을 짜서 할머니에게 큰 내기를 걸었다.
오줌 멀리가기 게임을 해서 지는 사람이
명절때 받은 용돈을 모두 주기로 했다.
할머니 "그래 해봅시다. 규칙은 제가 정할게요."
이 한마디에 할아버지는 백기를 들고 말았다.
"손대기 없시유."
계산이 빠른 머리는 항상 손해를 본다.
때로는 지는 듯해도 이기는 것이 인생이다.

궁합

찬바람이 불면 군고구마 장수를 만난다.
그런데 군고구마와 밤은 야한 음식이다.
'까서 줄까, 벗겨 줄까?'
뜨거움과 섹시함을 겸비한 군고구마는
손으로 찢어서 먹는 김장김치와 궁합이 딱이다.
궁합이 여러 가지가 있는데
짜장면에 단무지
피자와 콜라
파전에 막걸리
떡볶이와 순대
소주에 삼겹살
오징어와 땅콩
맥주에 치킨
시루떡에 홍시

궁합이 맞는다는 것은 장점을 더욱 빛나게,
맛나게 하는 역할을 한다.
짜장면에 막걸리를 찾으면 곤란하다.
시루떡에 단무지도 영 아니올시다!

늘 놀림을 받던 '철'이는 성이 '전'씨이다.
지하에서 생활을 많이 한다고 놀림을 많이 받았고,
여자친구가 없었는데
늘 예쁘게 호호 웃는 호선이를 소개 받았다.
'호선'양은 경주이씨 집안의 셋째딸이었다.
전철군과 이호선은 천생연분으로 잘 살고 있다.

당신도 좋고 나도 좋고

남자는 드라마 속 여주인공의 미모에 빠지고
여자는 주인공의 로맨스에 빠진다.
소지섭처럼 터프하게
"외식할래? 나가서 먹을래?"
"사랑하며 살래? 사랑 해주며 살래?"
"지금 남편이랑 살래? 지금 신랑이랑 살래?"
"지금 웃을래? 바로 웃을래?"
"왕이 되고 싶으세요, 그럼 왕비부터 만드세요."
"공주가 되고 싶으세요? 황태자를 찾으세요."

학교에서 돌아오는 아이에게
"밥 먹을래? 빵 먹을래?"
긍정을 물으면 긍정의 답이 나옵니다.

"나랑 사귈래요? 아님 내 여자친구 하실래요?"

권리

앞차꼬리를 물고 가다 신호위반에 걸리고 말았다.
앞차도 위반했는데 상국이만 잡는 것이었다.
"면허증을 제시해 주시죠."
"아니 앞차도 위반했는데 왜 나만 잡는 거예요?"
경찰관이 차분한 목소리로
"혹시 낚시할 줄 아세요?"
"예, 할 줄 압니다."
"선생님은 낚시할 때 연못의 고기를 모두 잡나요."

그러자 상국이는
"선생님은 연못의 고기가 모든 미끼를 다 먹는다고 생각하세요?"
"아니요."
"예, 저는 오늘 미끼를 먹을 생각이 없습니다."

낚시꾼이 연못의 고기를 다 잡지 않듯이
고기도 미끼를 먹지 않을 권리가 있다.
나는 오늘 행복하게 살 것이라고 선택했기 때문에
하루가 기대된다.
행복할 권리를 잡았기 때문에.

섬

이순신 장군이 머물던 섬? 한산도
남자들이 좋아하는 섬? 외도
도둑들이 좋아하는 섬? 절도
연애를 시작한 남자가 가고 싶은 섬은? 진도
물이 넘치는 섬은? 수도
우리나라 섬을 한꺼번에 다 볼 수 있는 섬은? 지도
술꾼들이 좋아하는 섬? 따라도
슬픈 섬? 애도
에로배우가 사는 섬? 전라도
경상도 남자들이 프로포즈할 때 가는 섬? 함도

행복충전사가 드리고 싶은 섬은?
너도 나도 행복해서 졸도

나배추

"너무해."
"싫어 나 배추할래."
세계적인 음식 김치에서 제일 중요한 것은 배추가 아닐까?
배추에게서 살신성인의 정신을 배워봅니다.

밭에서 뽑을 때 한 번 죽고
칼로 반 자를 때 또 죽고
소금으로 절일 때 또 죽고
김치로 재탄생하여
어금니 속에서 씹힐 때 비로소 생을 마감합니다.

그리하고도 사람에게 비타민, 유산균을 보태고
암과 성인병의 면역력을 높이고
고기 등으로 산성화되어 있는 혈액에 산 중독을 예방해줍니다.

어떤 사람은 다른이에게 도움을 주지만
어떤 사람은 다른이에게 도움을 받기만 하다가 마감합니다.
도움만 받다가 떠나는 사람보다는
누군가에게 도움을 주고 갈 수 있는 배추가 되었으면 합니다.

줄이고 바꾸고

옷을 사서 허리라인을 줄이러 수선집에 들어가니
'뭐든 줄여드립니다' 라고 적혀 있다.
"뭐든 다 줄일 수 있나요?"
"예 허리, 기장, 품, 줄여달라는 대로 다 줄여 드립니다."
"사장님 제 뱃살 좀 줄여주세요."
사장님은 알겠다는 듯
"일단 뱃살부터 벗어놓으세요."
아하! 벗는 게 문제구나. 줄일 수는 있는데!!

노처녀가 결혼이야기만 나오면
"남자들은 모두 늑대야. 내가 늑대밥이 될 줄 알고 어림없지."
그러던 어느날 결혼을 하겠다고 청첩장을 돌린다.
"절대 늑대밥이 안 된다고 맹세하고선?"
"애들아, 늑대도 먹어야 살 것 아니니?"

변화에 적응해야 한다.
남을 의식하는 시선은 줄이고, 고정관념을 바꾸세요.
인생이 바뀌는 것은 인상을 바꾸면 된다.

웃는 인상으로 Smile~

소 팝니다

아빠를 따라 우시장에 갔는데
사람들이 소의 엉덩이를 만지작거리고
엉덩이도 자세히 살피는 것을 본 아들이
"아빠, 사람들이 왜
소의 엉덩이를 만지는 거야?"
"소를 사려고 만져보는 거야."

그리고 며칠 후
"아빠, 뒷집 형이 누나를 사려고 해."

주방에서 일하는 아내의 뒤에서
백허그 한 번 하시죠.
백 마디 말보다 한 번의 스킨십이
더 행복감을 줄 때가 있습니다.
소중한 당신은 오늘 밤……

감 잡았어

세상에서 가장 맛없는 감은? 땡감
옆에 있던 단아한 아주머니의 한마디 "영감"
가장 맛있는 감은? 자아존중감
가끔씩 맛보는 상큼한 감은? 성취감
그리고 맛이 없는 감은? 패배감, 우울감

연인을 행복하게 만드는 오감은
포만감 … 언제 밥 한끼 해요 라는 것으로 소통은 시작된다
　　　　지식을 나눠주는 것도 크나큰 포만감이 있다
귀 감 … 배우고 따르고 싶은 귀감이 있으면 향기가 난다
정 감 … 따듯한 마음을 나누고 사랑을 줄 수 있는
　　　　정감이 있어야 한다
자신감 … 나는 할 수 있다, 어떤 역경이 닥쳐와도
　　　　헤쳐 나갈 것이라는 자신감이 있어야 한다
호 감 … 웃는 얼굴이 되어야 한다, 웃는 얼굴은 신용장이다.

세상에서 가장 귀중한 감은 바로
소중한 당신의 '존재감' 입니다.

화목하세요

기대수명이 10년 늘어나려면
화목에는 섹스를 해야 한다고
파리대학 심장전문의 프레제라크 샌드만 교수가 말했다.

일본인의 44.6%는 한 달에 한 번도
사랑을 나누지 않는다고 하는데 그 이유는
1. 직장일이 피곤해서
2. 귀찮아서 그리고 가족같아서 식구끼리는 그런 것 하는 게 아니란다.
집안이 화목하려면 화·목요일은 사랑을 나누세요
그리고 2주에 한 번은 수·금도 하세요

물건만 주면 되는 게 아니라 수금도 잘 해야 경제가 돌아간다.
중장년의 대한민국 남자들이여
"하면 된다."
여자는 섹스를 정신으로 한다는 말이 있습니다.
친밀하고 따듯한 말로도 정신적인 교감을 나눔으로써
사랑이 가능하다고 합니다.
"하면 된다"
그러자 여성협회에서 항의전화가 왔다.
"되면 해라"고.

두 가지

세상에는 딱 두 가지 종류의 사람이 있다?
행복한 놈과 불행한 놈
밥을 먹으면서 아내에게 고백을 했다.
"난 자기를 딱 두 번 사랑했다."
밥 먹다 말고 놀란 아내에게
"결혼 전과 결혼 후"

밥상이 즐거우면 하루가 즐겁고
하루가 즐거우면 인생이 즐겁다.
가족을 위한 밥상을 준비하는 일도 행복한 일이다.
주방에서 음식을 하고 있는 나의 등 뒤에서
"아빠는 음식 만드는 것이 좋아?"
"아니."
"그런데 왜, 자꾸 만들어."
"니가 맛있게 먹는 걸 상상하면 자꾸 만들게 되네.
특히 엄마가 좋아해서."
남편이 음식을 만드는 일은

가족을 행복하게 만드는 행복레시피입니다.
모든 사람들은 행복하게 살기를 원하지만
정작 행복하기 위해서 하는 것이
돈 버는 일, 넓은 집, 좋은 차, 근사한 외식이라고 생각하는데
가족을 위해서 맛나는 음식을 준비하는
가장의 뒷모습에서 행복이 꽃피고 있다는 것입니다.
내가 가족을 위해서 무엇을 해 줄 수 있는가를
매일 아침 적으세요.
다른 한켠에 만약 오늘이 내 생애 마지막 날이라면
무엇을 할 것인가를 적어보고
그것이 일치한다면 행복한 인생을 사는 것입니다.

NO.1

자만심을 버려라

술취한 남편에게 부인이 다급한 소리로
"여보, 도둑이 우리 차를 훔쳐가요!!"
한참을 쫓아가던 남편이 돌아왔다.
그러자 아내
"조금만 더 쫓아가면, 막다른 길인데
왜 돌아왔어요?"
남편이 하는 말
"걱정하지마. 번호판 다 봐놨어."

스스로의 자만심에 빠져 있는 사람들이 있습니다.
내가 최고라고 다른 이의 이야기는 무시하는
사람들도 있습니다.
누구에게나 배울 것이 있는 게
우리네 사는 행복한 세상입니다.

술 먹으면 머리가 아픈 이유

술을 먹고 난 다음날 머리가 아픈 것은?
아침에 발견한 카드전표 때문에

술을 먹고 난 다음 날 속이 쓰린 것은?
술값은 내가 내고 여자들이 친구에게만 관심을 보였을 때

그래도 밤이 되면 술이 생각나는 이유는?
혹시나 해서……

못 먹는 것 3가지

정몽준 의원은 음식을 잘 먹기로 유명하단다.
그런 그가 못 먹는 음식 3가지가 있다고 하는데
"먹으면 죽는 것,
없어서 못 먹는 것,
먹고 싶은데 안 주는 것

적을 만들지 마라

수영도 못하면서 물에 들어가면 '허우적' 거리고
고속도로에서 졸음 운전을 하면 '경적'이 울리고
나쁜짓을 하면 '표적'이 된다.

연습하고 여유를 가지고 정직하게 살다보면 세상살이에 적이 생기지 않는다.
적을 만들지 않아야 행복하다.

불부터 끄세요

성격이 외형적인 형과 조개구이집에서 소주를 한잔하는데
"상국아! 모든 게 화가 나서 미치겠어.
회사도 마음에 안 들고 집에 가도 성질만 나고."
"형님, 마음의 불부터 끄세요.
혜민 스님 이야기 중에 화가 나거든
한 발짝 물러나세요를
제가 해석하면 이렇습니다."
"형이 집에 갔는데 누군가가 집에 불을 내고 가 버린 거야."
"집이 불타고 있는데
불을 먼저 꺼야 해?
불낸 놈을 잡으러 먼저 가야 해?"
"응…… 집에 불이 얼마만큼 났는데?"
마음에 불이 나면 모든 것을 까맣게 태웁니다.

일부다처

고래고래 악을 쓰면 .... 악처
현모가 두 여자를 거느리면 .... 현모양처
아침마다 요강을 비우면 ..... 조강지처
지금 매우 지쳐 있으면 .... 현지처
사는 곳을 잘 모르면 ...... 모처
가까이에 살고 있으면 .... 근처
사업으로 서로 돈을 벌면 ... 거래처
남자들이 원하는 상처 ... 일부다처
아내가 좋아하는 처 ... 닥쳐

4자 성어

우문현답 우리의 문제는 현장에 답이 있다
요조숙녀 요강을 조준하여 숙변을 제거하는 여자
현모양처 현재 엉덩이 모양이 양쪽 다 처진 여자
절세미녀 절에 세들어 사는 미친 여자
오리지날 오리도 지랄하면 날 수 있다
여야합의 여나 야나 합창을 하면 의가 상한다
일부다처 말만하는 아버지는 말년에 처지가 곤란하다
조강지처 아침에 강한 남편은 지금의 처가 있는 덕분이다

싱글과 연인의 웃음소리

독신남녀가 웃을 때 … 싱글싱글
열애하는 남녀가 웃을 때 … 하하호호
    (下(하)下(하)好(호)好(호) … 아래가 좋아 아래가 좋아
부적절한 남녀가 웃을 때 …희희희
    (喜(희)喜(희)喜(희) … 기뻐 기뻐 기뻐
부적절한 남녀의 배우자가 웃는 웃음 … 킬 킬 킬
    Kill Kill Kill … 뒤진다 뒤진다 뒤진다

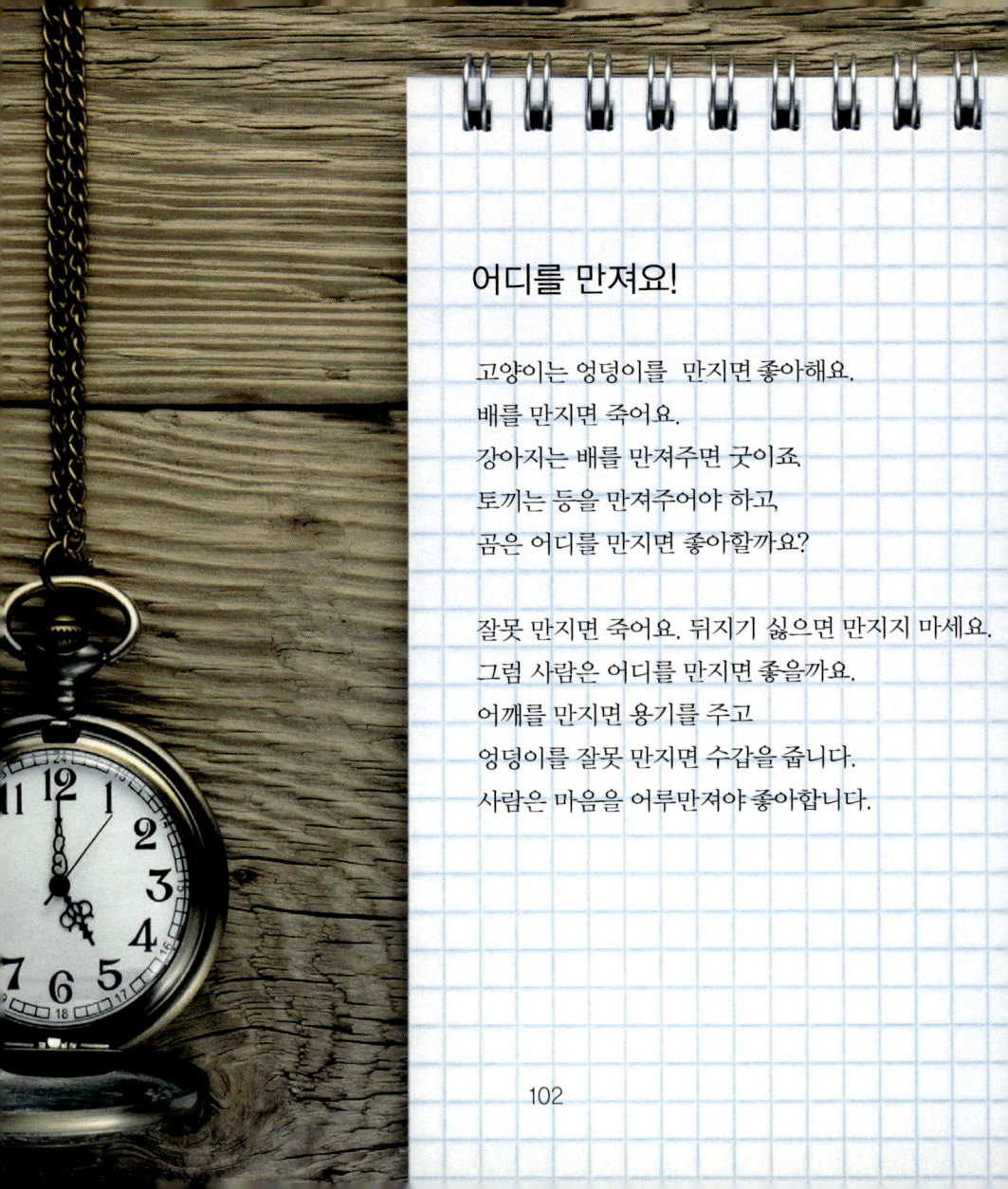

어디를 만져요!

고양이는 엉덩이를 만지면 좋아해요.
배를 만지면 죽어요.
강아지는 배를 만져주면 굿이죠.
토끼는 등을 만져주어야 하고,
곰은 어디를 만지면 좋아할까요?

잘못 만지면 죽어요. 뒤지기 싫으면 만지지 마세요.
그럼 사람은 어디를 만지면 좋을까요.
어깨를 만지면 용기를 주고
엉덩이를 잘못 만지면 수갑을 줍니다.
사람은 마음을 어루만져야 좋아합니다.

술술 풀린다

세상에서 가장 달콤한 술은? 입술
아이들이 좋아하는 술은? 마술
상대의 마음을 얻는 아주 좋은 술은? 유머화술
세상을 아름답게 하는 술은? 예술
리더가 가지고 다니는 술은? 처세술

잘 익은 화(花)술은 세상을 아름답게 하고
타버린 화(火)술은 세상을 재로 만든다.

술술 풀린다 하여 술이라 했다.
술은 악과 선의 두 가지 얼굴을 가지고 있다.
재료가 좋으면 좋은 일이 술술 풀리고
재료가 나쁘면 나쁜 일이 가득 채워진다.

사람답게 사는 것

평소에 착하게 살았다고 스스로 믿어 의심치 않는 덕배는
이승을 떠나 저승으로 가는 길목에서 놀라서 말했다.
"아니 저런 사람이 어찌 나와 같이 천국으로 간단 말입니까?
세상 말세입니다, 말세……"
"저승사자님 어찌 아랫마을에 사는 최씨가
나와 같이 천국에 간단 말입니까?
제가 알고 있는 나쁜짓만 해도 수백 개는 될 것입니다.
옥황상제님에게 따져봐야겠습니다."

저승사자는
"최씨는 자네와 동행할 만한 자격이 넘치고도 남는다네."
"어찌 저놈과 내가 함께 천국에 간단 말입니까?"
"어허.. 참, 걱 정말게나.
지금 자네가 가는 길은 지옥이야, 지옥."

사랑은 받는 이의 몫이 아니라 주는 이의 특권입니다.

지식을 얻으려면 매일 하나씩 쌓아라
지혜를 얻으려면 매일 하나씩 버려라 -노자

저절로 가는 사람은 '중'
중도 포기하는 사람이 가는 절은 '좌절'
교회를 물었는데 가장 싫어하는 대답은
'절로 가면 됩니다'

사람으로 살기는 쉽습니다
사람답게 사는 게 어렵지요.

살맛나는 세상

식인종 나라에서 식사시간에 종종 나오는 이야기가 있는데
"아이 살 맛 안나."
식인종 대통령선거에서 가장 많이 나오는 공약은
"살맛나는 세상을 만들어 드리겠습니다."

살맛 나는 세상 … 그것은 식인종 나라만이 필요한 것은 아닙니다.
모두가 살맛나는 세상에서 살기를 기원해 봅니다.

아름다운중

중학생이 머리를 빡빡 밀던 시절이 있었다.
머리를 빡빡 민 사람이 뒤의 학생에게 등을 밀어달라고 한다.
엉겁결에 등을 밀다가
"아저씨 누구신데 저 한테 등을 밀어 달라고 하세요?"
"웅! 난 중이야!!"
그러자 학생이 중의 머리를 냅다 내리치며.
"쨔샤! 난 중3이야."

마음만 먹는 중은? 생각중
변명만 늘어 놓은 중은? 회피중
자기 자리만 보전하는 중은? 눈치중
생각과 행동을 같이 하는 중은? 봉사중
오랜생활 봉사로 지내다가 밝은 빛을 본 사람은? 심봉사
행동하고 움직이는 봉사중들이 많았으면 합니다.

지금 당신은 아름다운중인가요?

만들자 (경상도 방언 맨걸자)

Girl 아름다운 이름입니다.
그래서 미련과 아쉬움이 있는 단어인 것 같습니다.
아내를 먼저 보낸 팔순의 할아버지가 독백처럼 읊조리는 말
아내를 향한 아름다움과 아쉬움이 있는 말
좀 더 사랑할 girl 행복하게 해줄 girl(걸)
같이 놀아줄 girl
미안하다 말 할girl
마음 아프게 하지 말 girl
이야기 들어줄 girl

행복하게 해줄 Man(맨)
man은 집념의 단어이고 고집의 단어이지요.
남편을 출장 보낸 아내의 독백입니다.
man날 술 퍼드시는 원수
man날 큰 소리 치시는 오만함
man날 새벽에 들어오시는 뻔뻔함
그러나
그런 man날도 당신이 있어야 빛난다는 girl
부부란
사랑으로 man(맨) girl(걸) 子(자) 우리의 미래를~
오래 보아야 아름답고 계속 보아야 소중한 것처럼……

같지 않아요

다리 한쪽이 불편해
정형외과를 찾은 할머니
"노환으로 다리가 아픈 것이니
더 나빠지지 않게 재활을 잘 하셔야 합니다."
의사 선생님이 이렇게 말을 하자
할버니가 버럭 화를 내면서
"아니 멀쩡한 다리도 같이 태어났는데
왜 한쪽만 늙었돼~유!!'
이에 의사 양반
"걱정 말아요!
 곧 다른 한 쪽도 아파질 테니까유."

없는 것을 아쉬워하지 말고
가지고 있는 소중함에
더 감사를 하면 어떨까요!

지금

와이프에게 세상에서 가장 소중한 금 세 가지는?
 '황금, 소금 그리고 바로 지금'이라고 이야기를 해줬더니
와이프가 자기가 제일 좋아하는 금 세 가지가
무언지 아느냐고 묻는다?
그래, 뭐야?
내가 좋아하는 금 세 가지는? "현금 지금 입금"이란다.

그래도 제일 중요한 것은 공통적인 지금이 있다는 것이다.
지금을 즐기세요.
그것이 소중한 행복을 만나는 방법입니다.

위대한 마누라

세상에서 가장 어려운 일 두 가지가 있는데
하나는 나의 생각을 남의 머리에 넣는 것이고
하나는 남의 돈을 내 호주머니에 넣는 것이다

첫 번째를 우리는 선생님이라 부르고
두 번째를 우리는 사장님이라 부르는데
이 두 가지를 잘 하는 사람을 우리는 '마누라' 라 부른다.

선생님에게 대드는 것은 배우기 싫은 것이고
사장님에게 대드는 것은 돈 벌기 싫은 것이며
마누리에게 대드는 것은 '살기 싫은 것' 이다.

우리는 그것을 '지혜로운 자' 라 적고
'마누라' 라 부른다.

천만다행

물에 빠진다 하여 다 죽지는 않는다
물에서 나오지 못하는 사람만 죽는다
혼자서 나올 수 있으면 천만다행이지만
그렇지 못할 경우 다른 사람의 도움을 받을 수도 있다.

천만다행이란?

천만금을 주어도
만 가지 방법을
다 하여도 안 되는 것은
행복을 돈이나 방법으로 살 수 없는 것이다.
그것은 자신만이 얻을 수 있는 유일한 것이다.

행복은 선택과목이다.

영화 '관상'에서

'관상'은 형님이 보고 저는 身像(신상)을 보지요..
여자들은 신상을 보면 얼굴에 미소가 가득하거든요.
아무리 관상이 좋아도
어떤 사람과 같이 하느냐에 따라
인생은 변한다고 합니다
가장 좋은 인상은
좋을 때 크게 웃을 줄 알고
슬플 때 목놓아 울 줄 아는 인상이라고 합니다.

가장 비싼 꽃

밉게 보면 잡초 아닌 풀이 없고
곱게 보면 꽃 아닌 사람 없습니다

세상을 행복하게 하는 꽃은 '웃음꽃'
세상에서 가장 비싼 꽃은 '난……꽃'

집에 들어온 지 7년 만에
봄처녀의 수줍음처럼 살며시 올라와 있다.
"난 꽃이다"라는 자신감이 가장 비싼 꽃이다

존경받는 리더 "가장"

일 잘하는 부장
돈 잘버는 사장
리더십있는 회장

그러나 존경받는 '가장'이 없다.
한시대를 풍미한 김종필 총재는
자리나 명성이 덧없다는 소회를 밝혔다.
권력과 명예의 축에 있던 분이 정치는 허업(虛業)이라 정의했다.
구순의 생일에 병상에 누워있던 아내에게
휠체어를 타고 빵을 사가지고 가던 모습에서
왜 더 사랑하지 못했던가를 회상하며 눈물을 훔쳤다.

이 시대의 남자들이여!
가장 어렵고 따뜻한 "가장"으로 돌아가라.
그 자리에 있을 때 가장 빛나거늘……

별 이야기

하늘에는 별이 몇 개일까요? 209개
북두칠성 7개 당신의 두 눈에 2개
하늘에 수두루룩 백+백하니까 합이 209개
하늘에는 별이 있고 땅에는 꽃이 있고
내 마음속에는 당신이 있어 행복합니다.
별 중에 가장 값비싼 별은? 금성(gold ster)
별 중에 가장 똑똑한 별은? 지성
온천이 유명한 별은? 유성
아름다운 꿈을 이루는 별은? 달성
축구를 잘하는 별은? 박지성

하늘에 별이 빛나는 것은 짙은 어둠 덕분입니다.
그리고 그것을 볼 수 있는
맑은 당신의 두 눈이 있기 때문이죠!

다리 이야기

사랑하는 사람들이 건너지 말아야 하는 다리? 비교
세상에서 가장 사랑스러운 다리? 애교
평생을 건너야 할 다리? 학교
성직자들이 건너는 다리? 설교
나라의 정상들이 만나서 잘 통하는 다리? 외교

매일 다리를 건너야 하는 인생이라면
사랑하는 사람과는 비교라는 다리는 절대 건너지 말고
도파민이 만들어지는 애교라는 다리 위에서
평생을 배운다는 자세로 학교를 같이 거닐어가면 아름답다.

꽃이 핀다고 하여 모두 든든한 열매를 맺지는 않습니다.
하지만 꽃이 피지 않고 열매를 맺는 법은 없습니다.

명문대학

청와대 : 재학중에는 최고의 대우를 받지만 졸업
　　　　후에는 사람들로부터 미움을 받는 경우가 많다
해운대 : 여름 한철 개학을 하지만 젊은 청춘남녀로부터 무척 인기가 높다.
싱크대 : 여성이 주로 입학하였으나 지금은 남자도 많이 들어간다
전봇대 : 남자와 개가 좋아하는 대학이며 음주 후 찾는 경우가 많다
주대 : 남자들이 등록금을 가장 많이 내는 곳으로 부부싸움의
　　　원인되기도 하는 대학이다.
갈대 : 여자들이 자주 찾는 대학으로 감성을 주전공으로 한다

남자들이 정년퇴직 후 졸업하는 3개 대학
하바드대 : 직장생활에서 만나지 못한 친구 동창 군대동기 선후배·은사
　　　　　등을 만나려고 퇴직 후 1년 사이에 하루종일 바쁘게 드나든다
　　　　　하여 하바드대
하와이대 : 2년차부터는 나갈 곳도 없고 해서 하루 종일 와이프를
　　　　　따라 다닌다 하여 하와이대
동경대 : 이제는 적응을 하는 시기 동네 경노당에서 새로운 친구를
　　　　사귀는 시기를 동경대
　그럼 연애 잘하는 학생이 다니는 대학은 DID 바로 들이대
　사랑은 표현해야 합니다. 사랑하는 것은 자유이며 권리입니다.
　누군가를 사랑한다면 사랑한다고 사귀자고 들이대세요.
　석사과정으로 더 배우고 싶으면 JDID과정을 다니세요
　'잘들이대학원' 입니다

최고의 화장품

지방강의를 마치고 늦게 들어온 나에게 아내가 쏘아 붙이듯 한마디 한다.
"자기 너무해!"
"그래 나…무 할 테니 자기는 배추해."로 받아 넘겼는데 분위가 심상치 않다.
"아래층 남편은 외국 출장 갔다오면서 와이프 화장품을 가득 사다 줬다는데 자기는 수시로 비행기 타면서 한 번도 화장품 선물한 적 없잖아!"
그래서 내가
"아래층 남편은 너무 불쌍하다 그치!"
"그게 무슨 말이야? 화장품을 사줬다는데!"
내가 진지하게 이야기를 했다.
"자기처럼 예쁘면 화장품이 필요없을 텐데…… 너무 불쌍하다."

당기시요의 반대말은 '미소' 입니다.
선조들은 대문을 만들 때 밀고 들어오게 만들었습니다.
그것은 행복과 불행은 같은 문을 통해서 들어오는 것(禍福同門)인데
바로 밀면서 들어오라는 '미소' 로 행복을 맞이했던 것입니다.

여성의 최고의 화장품은 활짝 웃고 있는 아내의 미소가 만든 것입니다.

Money

머슴처럼 일하고 정승처럼 쓸 줄 알고
니를 위해 준비했어 하는 멋진 남자

일할 때는 체력과 열정으로 하고
이웃에게 나눌 줄도 알며
삼각관계로 양다리 걸치지 않고
사랑과 행복을 그대에게
오직 하나뿐인 그대를 위해 준비하는 남자

#3 머니 Money

아주많이

도둑이 좋아하는 돈? 슬그머니
유부남이 좋아하는 돈은? 아주머니

동대문에서 미세쓰 의류을 판매하는 사장에게 PD가 물었다.
"얼마나 벌어야 성공했다고 생각하십니까?"
그러자
"그것은 상대적이지 않나요?
어느 정도를 벌면 또 다른 뭔가가 있을 것이고
그렇게 비교하다 보면 성공은 없다고 생각해요.
지금 행복하면 성공한 것 아닌가요?"

제가 아주머니를 좋아해요.
그런데 가게문을 열면 아주머니가 막 들어와요.
그러면 "아주마니" 벌지요. 그래서 이만하면 되었다 싶어요!

그럼 지금 성공하신 건가요?
"그럼요!! 지금 행복하니까요!"

성공한 사람들이 좋아하는 고기

물고기 중에서 가장 학력이 높은 물고기는? 고등어
아이들이 좋아하는 물고기는? 은어
성공한 사람들이 좋아하는 물고기는? 잡어
기회를 잡어, 열정을 잡어, 노력을 잡어……

이름도 없는 작은 물고기를 '잡어'라고 하는데
성공한 사람들은 이 고기를 좋아한다
광어처럼 고소하지도 숭어처럼 쫄깃하지도 않지만
여러가지 작은 물고기가 모여서 내는 맛은 특별하다.

공부를 잘 하지는 못 해도 운동에 뛰어나지 않아도
키가 크지 않아도 평범하게 생겼어도 말하는 재주가 부족해도
음치에 몸치라 할지라도
나는 나름대로 아주 맛있는 장점이 있습니다.
이름모를 잡어의 싱싱함과 담백함이 있으니까요

부활설

인간은 태어날 때 선하게 태어난다는 성선설을 주장한 사람은
　'맹쟈' 입니다.
인간은 태어날 때 악한 마음을 가지고 태어난다는
　성악설을 주장한 사람은 '순자' 입니다.
그렇다면 성 개방설을 주장한 자는 '주자'
성적극설을 주장한 자는 '하자'
성억제설을 주장한 자는 '참자'
성폐쇄설을 주장한 자는 '고자' 입니다.
그리고 성 포기설을 주장한 사람은 '말자' 라고 합니다.

우리는 꿈을 가지고 꿈을 향해 나아갈 때
가장 아름다운 사람이라고 합니다.
꿈을 가지고 앞으로 나아가야 한다고
진행설을 주장한 사람은 '가자' 입니다
꿈은 이루기 힘드니 중간에 그만 두어야 한다고
포기설을 주장한 사람은 '접자' 입니다
아니다. 100번 넘어지면 101번 일어나면
꿈은 반드시 이루어 진다고 부활설을 주장한 사람은 '되자' 입니다

그런데 꿈의 진행설을 주장한 가자의 2세는 '간다' 이고
포기설을 주장한 접자의 2세는 '접다' 였다고 합니다.

그리고 101번 다시 일어나 꿈을 향해 돌진한
부활설의 되자의 2세는 '된다' 였다고 합니다.

성공을 꿈꾸는 자들이 꼭 배우고 익혀야 하는
되자님의 부활설입니다.

여성이 아름다운 것은 끝없이 배우고 익히고 있기 때문입니다.

사람냄새

땀을 뻘뻘 흘리고 돌아온 상국에게 딸이 물었다.
"아빠 물고기도 땀을 흘릴까?"
"당연하지, 그렇지 않으면 바닷물이 왜 짜겠냐?"

꿈을 이룬 사람에게서 나는 좋은 향기를 '인내' 라고 합니다.
그보다 더 좋은 냄새는 '사람냄새' 입니다.
인내는 쓰다 그러나 그 열매는 달다, 사람냄새 나는 나무에서!

맞서기 보다는 받아들여라

최연소 천하장사를 지낸 김정필 장사에게 물었다.
작은 체구의 장사가 몸무게가 많이 나가는
상대선수를 이기는 방법은 무엇인가요?
체구가 적은 사람이 상대를 이길 수 있는 기술은
상대가 힘이 들어가는 방향으로 받아들이는 것이지요!

대구 동성로에 가면 휴대폰 골목이 있다.
한 집이 생기자 우후죽순처럼 생겨났습니다.
양쪽에 핸드폰 가게가 오픈을 하면서
왼쪽 가게가 오픈 세일 50%라고 붙였어요.
이에 질세라 오른쪽 가게가
"사장이 미쳤어요, 한 대 하면 한 대 공짜"라고 붙이자
그러자 중간에 있던 가게가 "입구는 이쪽입니다!!"

영화 "활"의 대사 중에서
바람은 계산하는 것이 아니라 극복하는 것이니라
어려운 일이 생기거나 허탈한 일이 생기면 넘기세요
"웃어넘기세요."
행복의 정원이 기다리고 있어요.

바퀴는 어떻게 구르나요

차를 타고 가던 호기심 많은 아들이
"아빠 자동차바퀴는 어떻게 굴러가나요?"
"피스톤이 공기와 연료를 흡입해서 팽창, 폭발하고 동력에너지를
클러치 변속기에 조작하여 바퀴로 보내면 조향장치인 운전대를 조작하고
동력이 바퀴에 전달되어 굴러가는 거란다."
무슨 말인지 전혀 알아 듣지 못한 아들이 엄마에게
"엄마 바퀴는 어떻게 굴러가는 거야?"
"응… 데굴데굴"

기린이 보는 아프리카의 광야와 달팽이가 보는 세상의 높이는 다릅니다.
눈 높이를 맞추어야 합니다.
사람은 나보다 잘난 사람을 좋아하는 게 아니라
나와 비슷한 사람에게 끌린다고 합니다.
예쁜 여자가 사람들이 많은 곳에서 넘어졌을 때
손을 내미는 남자보다 같이 넘어져 주는 남자를 좋아합니다.
혼자의 길은 외롭고 험난합니다.
같이 가고자 한다면 상대의 높이에서 세상을 봐야 합니다.

한길

사업에 실패하여 부도가 나고 집이 경매에 넘어가
지낼 곳이 마땅하지 않은 가장이 가족회의를 했다.
"당분간 우리 가족은 떨어져 지내야 할 것 같소.
아이들은 잠시 외가에 맡기는 것이 좋을 것 같소!"
그러자 아이들이 울면서
"그럼 엄마는?"
"너무 걱정마라. 엄마는 잠시 친정에 가 있으면 된다."
그러자 아내가 한숨을 길게 쉬면서
"당신은 어쩌려구요?"
"난 당분간 처가댁에 가 있을 테니 너무 걱정 말구려!"
목적지가 확실한 것은 분쟁의 소지가 없다.

길은 잘못 들었으면 헤매면 되고
모르면 물으면 되지만
목적지는 절대 잊어버려서는 안 됩니다.

선장이 뚜렷한 목표를 가지고 길을 안내한다면
칠흑같은 어두움도 두렵지 않습니다.
왜?
새벽에 빛나는 태양이 뜬다는 희망을 가지고 있으니까요.

가장 아픈 손가락

열손가락 깨물어서 가장 아픈 손가락은?
새끼손가락?
엄지손가락?
다 아파요?

가장 아픈 손가락은?
"가장 세게 깨문 손가락"입니다.

내가 깨문 손가락의 강도만큼 상대는 아픕니다.
깨물지 말고 보듬어 주세요.

삼세판

위대한민국의 국민은 삼세판을 좋아한다.
만세를 부를 때도 만세삼창
가위 바위 보를 해도 삼세판
고스톱도 쓰리고
섹시한 사람을 보면 삼삼하다
사람 셋이 모이면 가장 좋다는 인삼
공기 좋은 산에서 세 명이 모이면 산삼
작심삼일이 아니라
삼일마다 계획을 세우고 실행하면 꿈은 이루어진다

최소한 세 번은 도전하고
최소한 세 명의 친구는 만들고
최소한 세 번은 다짐하고
최소한 세 번은 외치고
최소한 세 번은 웃어주고
최소한 세 번은 이해하고
최소한 세 번은 용서하고
최소한 세 번은 무엇을 할까요?
(_____)
세 번하고 안 되거든 세 번 더 하기예요.
실패하는 숫자보다 한 번 더 도전하면
당신도 마음이 예쁜 여자를 만날 수 있습니다.

지피지기란?

북유럽의 부족국가에는

비가 오지 않으면 기우제를 지내는데

기우제를 지내면 비가 꼭 온다.

그들은 비가 올 때까지

기우제를 산에서 지내기 때문이다.

우제를 지낸 지 보름 만에 소낙비가 세차게 내린다.

사람들은 산을 내려오면서 소낙비에 젖어 생쥐가 돼 버렸는데

5살 먹은 꼬마는 우산을 쓰고 내려온다.

꼬마야 너는 어찌 우산을 챙겨왔느냐?

"아저씨 비가 와야 기우제를 마치는데

우산을 챙겨오는 것은 당연한 것 아닌가요?"

적을 알아야 상대를 이길 수 있다.

운명

첫날밤 신랑이 안경을 벗자
"자기 왜 나한테 에꾸눈이라 말하지 않았어?"
"응, 했는데……"
"처음 봤을 때 한눈에 반했다고 했거든."

내가 좋아하던 여자가 나를 좋아한다고 고백을 한다면
그것은 기적일 것입니다.
기적을 만들기 위해서는 내가 먼저 좋아해야 해요.

사랑하는 사람을 만날 확률은 얼마나 될까요?
남자로 태어날 확률 1/2
한국에서 태어날 확률 1/300
대한민국 시, 도, 군, 동에서 만날 확율 1/2,000
커피숍이나 식당에서 만날 확률 1/5,000
같은 시간 같은 공간에 마주칠 확율 1/1,000,000,000,000,000…

우리는 늘 단 한 번의 기적이라도 하고 바라지만
만약 사랑하는 사람이 옆에 있다면
그것은 이미 기적을 만난 것입니다.

사과는 용기 있는 자의 특권

택시 운전을 하는 수정이는 유머로 행복을 채운다.
대구 중앙로에서 술이 취한 손님이 택시를 타고서 다짜고짜
'아저씨! 라스베가스로 갑시다. 한판 땡겨야겠어요."
"그곳을 가려면 택시 내리셔서 길을 건너서 타셔야 합니다, 손님!"
"이 양반이 장난하나? 나를 술 취한 줄 아나. 미국을 어떻게 가?"
"지난번 손님은 가시던데요!"

무심코 던진 돌에 개구리는 목숨을 잃을 수 있습니다.
무심코 던진 한마디가 상대에게
긴 세월의 아픔으로 남을 수 있습니다.
혹 상대를 아프게 했다면
먼저 사과하세요.
사과는 용기 있는 자만이
할 수 있는 특권입니다.

장래의 꿈

중학생 대상 강의에 꿈이 뭐냐고 물으니
연예인이 되고 싶다는 아이들이 꽤 많다.
의사, 판사, 국회의원은 아이들의 꿈보다는
부모들의 희망사항이 대부분이다.

한 아이가 구체적으로 이야기를 한다.
"너는 꿈이 뭐니?"
"갑부아버지요!"
그 꿈은 꼭 이룰 수 있겠구나.
"어떻게요?"
"니가 아버지를 갑부로 만들어 드리면 된다."
상대를 변화시키는 것보다 내가 먼저 변화하는 것이 쉽다.

전 클린턴 대통령과 힐러리 여사가 주유소에 들어갔는데
아르바이트 주유원이 힐러리를 좋아서 따라다니던
초등학교 동창이었다.
기름을 다 넣고 나오는 길에 클린튼이 힐러리에게
"나를 만났으니 영부인이 되었지,
저 사람과 만났으면 어쩔뻔 했어?"
이에 힐러리가

"당신은 나를 만나지 않았다면
저기서 기름 총 쏘고 있을 거예요."

겸손은 사람을 두텁게 합니다.
공(功)을 말할 때는 상대에게 겸손하면
예쁜 여자는 좋아합니다.

돈을 쓰는 이유

퇴근하는 성식이에게 경비아저씨가 택배를 찾아가란다.
아내의 이름으로 화장품이 배달된 것이다. 화가 난 성식이가
"아니 자기는 왜 그렇게 돈을 많이 써?
화장품은 왜 또 산 거야?"
"자기에게 이뻐 보이려고 샀지."
아내는 화가 난다.
홈 쇼핑에서 싸게 산 화장품을 가지고 타박하는 남편을 보자
"아니 자기는 왜 맨날 술값으로 100만 원도 넘게 쓰는 거야? 응!"
성식이는
"그거야 당신을 이쁘게 보려고 술을 먹는 거야!"

스타

배우 장동건이 CF에서 "스타이기 전에 배우이고 싶다"고 했습니다.
당신이 배우라면 주연입니까? 조연입니까?
주연도 조연도 아닌 바로 나는 인생의 주인공입니다.
행복한 대본을 쓰느냐,
불행한 대본을 쓰느냐는 주인공의 태도에 달려있으며
더군다나 대본은 언제나 수정이 가능합니다.

아무리 좋은 직장에 들어가도 한 달을 못 버티고
회사를 그만 두는 청년이 있었습니다.
수십 번이나 직장을 그만 두는 것을 못마땅히 여긴 큰아버지가
"너는 도대체 뭐가 되려고 하니?
무엇 하나 지속적으로 하는 끈기가 없으니……"
"아뇨, 저는 끈기있게 회사를 그만 두고 있습니다."

오르막이 있으면 내리막이 있고
잘 달리는 순간이 있으면 슬럼프도 있게 마련입니다.
만약 지금이 그 슬럼프였다면 이제 달릴 일만 남은 것입니다.
슬럼프에서 이 책을 만났다면
당신은 분면 행운아입니다.
당신의 슬럼프는 여기까지…….

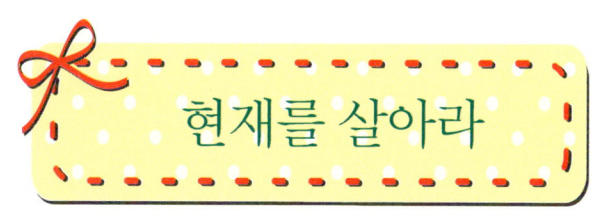

현재를 살아라

지리 시간에 성훈이에게 세계지도를 펼쳐놓고
아메리카대륙을 찾아보라고 하자
성훈이는 서슴없이 아메리카를 손으로 짚었다.
그러자 선생님이
"참 잘했어요. 그럼 아메리카대륙을 발견한 사람은 누구일까요?"
"예 성훈이입니다."
성훈이는 어른이 되어서도 늘 개구지다.
성훈이와 영화를 보러 갔는데 매표직원이
"성인 두 분이신가요?" 라고 묻자
"아니요 어른 둘입니다."
"아직 석가모니, 예수님 같은 성인이 되기에는 많이 부족합니다."
아메리카 대륙을 발견하고 성인 반열에 오르려는 성훈이는
요사이 수염을 기르고 있다.
때로는 자기중심적으로 살아도 좋다.
남의 시선으로 자신을 맞추지 말고 "니 마음대로 하세요!"

기본요금

서울 결혼식에 올라온 할머니가 택시를 탔다.
서울에 혼자 보내는 큰아들은
"어머니, 서울 사람들 말을 다 들으면 안 되요."
"지갑도 조심하구요,
무엇을 살 때 달라는 대로 다 주면 큰일나요."
"그래 알았다."

서울역에서 종로3가까지 택시비가 5,000원이 나왔다.
"택시비가 얼마요?"
"네 오천 원입니다."
그러자 할머니는 2,000원만 주고 내리는 것이다.
"할머니 5,000원이라니까요."
"누굴 바보로 알아? 3,000원부터 시작하는 것 다 봤어."

인생을 살아가는 데는 기본요금이라는 것이 있습니다.
상대를 만났을 때 웃어주는 기본요금, 만나게 돼서 영광입니다.
식사를 대접 받았으면
"좋은 사람과 맛나는 음식을 먹으니 날아갈 듯합니다."
더군다나 맛나는 음식을 대접해 주셔서 너무 감사합니다.

친구와 다툼이 있었다면 먼저 "미안해" 하는 기본요금
인생에는 기본요금이 있습니다.

무엇을 파는가?

유쾌한 건축가를 만난 적이 있다.
내 또래인 듯한데 얼굴에는 웃음끼가 가득하고
유쾌한 언변을 가진 사람이다.
주택을 짓는 건축업자인데 무슨 일을 하느냐고 물으니,
백수라고 밝힌다.
" '백' 번 웃어도 하루가 부족해 '수' 시로 웃고 있는 남자
'백수' 입니다." 라고 자신을 밝힌다.
그리고 나에게 집쟁이와 건축가의 차이를 아시냐고 묻는다.
"단어가 틀리잖아요." 라고 하자 그는
"건축가는 '자기가 살 집을 짓는 사람이고,
집쟁이는 집을 팔기 위해서 짓는 사람" 이라고 한다.
'장사꾼은 이문을 남기는 것이 아니라 사람을 남기는 것이다'
행복충전사가 말하는 아파트는
사는 것이 아니라 사람이 사는 곳이다.
평수의 행복이 아니라 공간의 사랑이 가득 했으면 한다.

최신한국경제 전문가

"최신 한국경제 전문가 최한경입니다."
S증권의 팀장으로 있는 친구이다.
2명의 팀원과 함께 중국기업의 주식투자를 총괄하는데
팀원들이 본인보다 나이가 8살이나 많다.
그러나 그는 유머로 무장하여
팀원간의 부조화를 조화롭게 이루어내는 노하우가 있다.
지치고 힘들 때마다 지갑에 넣어둔
한 여인의 사진을 보면서 옅은 미소를 짓는다.
"팀장님 무슨 일 있으세요?"
"예, 저는 힘들고 지칠 때마다
아내의 사진을 보면 힘이 생깁니다."
"사모님은 정말 좋으시겠어요."
"아내의 사진을 보면 '세상에 이보다 힘들고
어려운 일은 없겠구나' 라는 생각을 하지요."

문구점 앞에 있는 인형뽑기 전문가로도 유명한데
천 원에 한 번의 기회가 주어지는데
만 원을 넣으면 13번의 기회가 주어진다.
그는 뽑기의 기술로 '집중력과 기회비용'을 말한다.
주식과 연애의 공통점,
기업에 대한 분석과 기다릴 줄 아는 집중력,
그리고 분산투자를 통한 기회비용이라고 말한다.

적자생존

자본주의는 약육강식이 아니라 적자생존의 시대이다.
강한 자가 살아남는 게 아니라
마지막까지 살아 남은 자가 강한 자이다.
적자생존이란? 적는 자만이 살아 남는다.
그러므로 잘 적는 자만이 살아남는다.

그리고 60대가 되면 고기구울 炙(적)을 사용하여
입은 닫고 지갑을 여는 사람만이 살아 남는다고 한다.

회식이나 모임에 가서
쉬지 않고 자기자랑으로 입만 여는 사람을
예쁜 여자들은 무지 싫어한다.
입은 닫고 고기가 타지 않도록
고기를 잘 굽고 사주는 남자 炙(적)者(자)가
인기 있다는 사실이다.

適자생존

炙자생존

마음을 잡아라

사람을 잡을 때는 '마음'을 잡아야 한다.

일본에서 낚시를 가장 잘 하는 사람은? 다나까상
낚시왕의 아내는? 미끼껴주까상

영국 총리 조지라이드는 낚시를 잘 하려면
'미끼는 물고기의 구미에 맞아야 한다' 라고 했습니다.
낚시꾼의 입장이 아니라 물고기의 입장에서
준비해야 한다는 뜻이지요.
예쁜 여자의 마음을 얻으려면
내가 원하는 말보다 상대가 원하는 말을 해야겠지요.

1%의 발걸음

우리에 있는 힘이 쎈 늑대와, 싸움을 잘 하는 늑대가
10일 동안 싸움을 하면 누가 이길까요
힘이 쎈 늑대가 이길까요
싸움을 잘 하는 늑대가 이길까요?

내가 먹이를 준 늑대가 이깁니다.
먹이를 먹은 놈이 이기겠지요.
힘든 일에 부딪히면 단단히 '마음 먹어' 라는 말을 자주 듣습니다.

자신과의 힘든 싸움에서 마음을 먹으라고 합니다.
그 말은 긍정과 부정 속에서 어떤 마음을 가지느냐에 따라
변화된다는 이야기이겠지요.
50 대 50 팽팽한 부정과 긍정 사이에서
긍정의 생각으로 마음을 1%만 옮기면 됩니다.

비행기가 무거워서 못 뜹니다

3박4일 동안의 북경 가족여행을 마치고 공항으로 향하는 길
가이드의 안내방송이 있었다.
"4일동안 함께 하여 너무나도 영광이었습니다.
오늘 아침 항공사에서 연락이 왔는데
한국발 비행기는 너무나 무거운 게 실린
고객의 사정으로 뜨지를 못하였다고 합니다."
"어머 뭘 실었길래?"
"바로 여행객의 마음이 무거워서 뜨지를 못했다고 합니다.
혹 무거운 마음이 있으면 모두 내려 놓으시고
마음을 가볍게 하여 탑승해 주시기 바랍니다."

세상에서 가장 무거운 것은 바로 사람의 마음이다.
창공을 훨훨 나르게 자신을 만들려면
마음의 짐은 내려 놓으세요!!

유머의 힘

노무현 대통령 대선 시절 '장인이 빨갱이다' 라는 보도가 나가자
"제가 아내를 버려야 하겠습니까?"라고 했습니다.
촌천살인의 유머를 구사했다.

처칠이 국회를 방문했는데 노동당 여성의원이
"당신이 내 남편이라면 당신이 마시는 차에다가 독을 넣겠어요."라고 하자
처칠이
"걱정 마세요, 당신이 내 아내이면 알아서 죽을게요!"

유머란
유와 내가 웃으면
머니는 보너스다.

유머는 미워할 수밖에 없는 상대에게서 나를 좋아하게 만든다.
사람은 곧 재산이니 얼마나 큰 부를 얻는 것인가.

술에서 배우는 리더십

소주
소 중하게 아껴라 시간, 자신, 배우자
주 인의식을 가져라

맥주
맥 박 뛰는 인생을 살아라 꿈을 가져라
주 둥이가 되지 말고 가장 맛있는 술 '입술'이 되어라

폭탄주
폭 소로 무장하라
탄 약은 남자의 자존심이다
주 저하지 말고 들이대라

양주
양 을 맞추려고 질을 떨어뜨리지 마라
주 는 만큼 받으려 하지 마라.

술은 신이 주신 가장 큰 선물이자
독이라고 합니다.
선물을 받을 지 독을 마실 지는 내가 선택하는 것입니다.

중산층 별곡

영국의 중산층

1. 자신의 주장과 신념이 있어야 하고
2. 페어플레이를 해야 하며
3. 약자를 두둔하고 강자에게 강하며
4. 불의, 불평, 불법에 대하여 의연히 대처하며
5. 독선적으로 행동하지 말아야 한다

프랑스의 중산층

1. 외국어 하나 정도는 할 수 있어야 한다
2. 직접 즐기는 스포츠가 있어야 하고
3. 악기 하나 정도는 다룰 줄 알아야 하며
4. 남과 다른 맛을 내는 음식 하나 정도는 만들 줄 알아야 하며
5. 약자를 도우며 꾸준히 봉사활동을 하는 사람들을 중산층이라 부른다.

한국의 중산층

1. 꾸준한 자기 개발을 하며
2. 부부애가 남다르며
3. 넘치지 않지만 나눌 줄 알고
4. 사회적인 약자를 도우며
5. 우리가 함께 만들어 가는 세상을 신념을 가진 사람들이 한국의 중산층이 되기를 희망합니다.

2개국어

쥐가 쥐구멍으로 들어가 버리자
쥐를 쫓던 고양이는 "멍멍멍" 개 소리를 내기 시작한다.
고양이가 돌아간 줄 알고 고개를 내밀던 쥐를 앞발로 탁 잡으면서
"요새 같은 불경기에는 2개국어 정도는 해야지!"

행운은 눈먼 장님이 아니다.
앉아서 기다리는 사람에게는
영원히 오지 않는다

-조르즈 클레망소

돈츄앙은 이탈리아 친구와 하와이 해변에서 휴가를 보내고 있는데
이탈리아 친구는 해변의 여인들에게 너무나 인기가 많은 것이다.
비결을 물어보자 간단해 숫자 1에서 10까지만 있으면 돼!
그리고는 늘씬하고 예쁜 여인에게 다가가서는
"안녕하세요 너무 아름답고 예뻐서 그냥 갈 수가 없네요.

혹시 1에서 10중에 어느 숫자를 제일 좋아하시나요?"
"7이요."
"어머 어쩜 저와 좋아하는 숫자가 똑같군요.
제가 멋진 저녁을 준비하고 있는데 함께 하시겠어요?"
"네 좋아요."
그것을 본 돈츄앙은 너무나 쉬운 방법에 자신도 용기를 내서
"안녕하세요 너무 예쁘고 아름다워서 그냥 지나칠수가 없네요.
혹시 1에서 10 사이에서 어느 숫자를 제일 좋아하시나요?"
"저는 3을 좋아해요."
"이걸 어쩌나? 7을 좋아하면 저와
자녁식사를 함께 할 수 있었는데……."

내가 받고 싶은 것보다
상대가 받고 싶은 것을 주어야
행복을 충전할 수 있습니다.

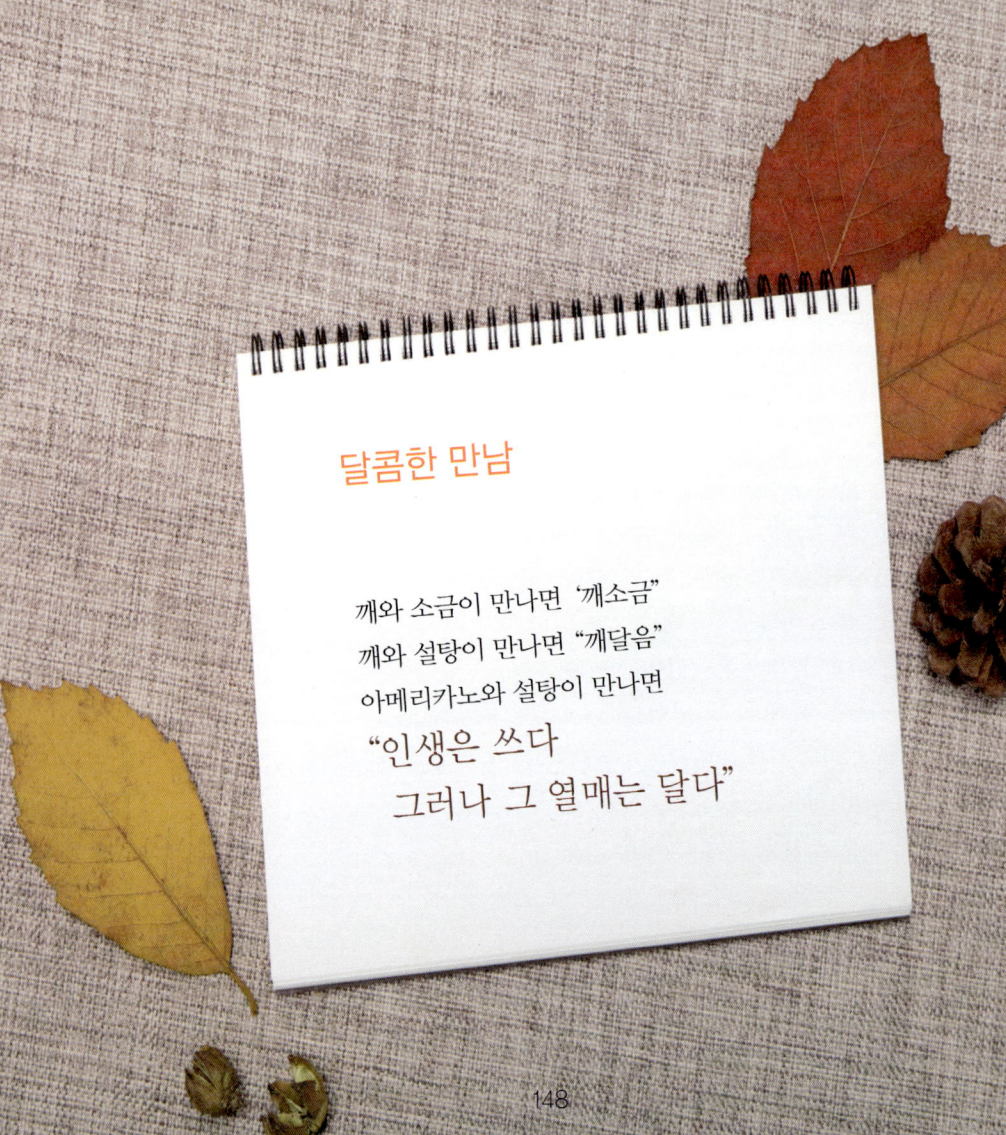

달콤한 만남

깨와 소금이 만나면 "깨소금"
깨와 설탕이 만나면 "깨달음"
아메리카노와 설탕이 만나면
"인생은 쓰다
 그러나 그 열매는 달다"

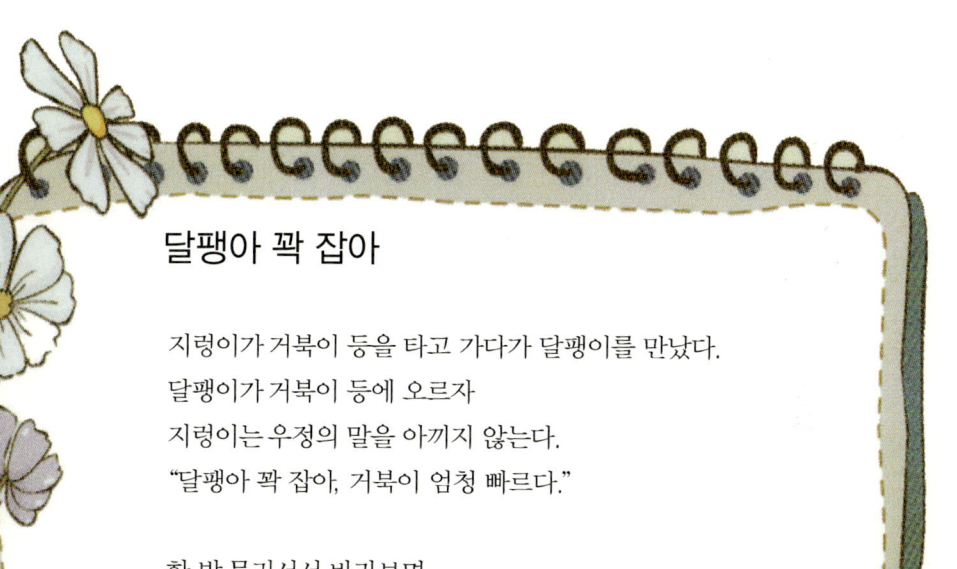

달팽아 꽉 잡아

지렁이가 거북이 등을 타고 가다가 달팽이를 만났다.
달팽이가 거북이 등에 오르자
지렁이는 우정의 말을 아끼지 않는다.
"달팽아 꽉 잡아, 거북이 엄청 빠르다."

한 발 물러서서 바라보면
"못 견딜 만큼 힘든 지금도 시간이라는 물이 흐르면
추억"이라는 이름으로 웃음짓게 한다.

신은 공평하다

결혼식장을 향하던 신랑은
고속도로에서 차가 막혀서 어쩔 줄 모르고 있다.
결혼시각은 다가오는데 차량은 전혀 움직이지 않는 것이다.
급하면 찾는다고
"하느님 부탁이 있습니다.
세상에서 가장 빛나고 아름다운 신부와 많은 사람들이
저의 결혼식을 축하하기 위해 기다리고 있습니다.
만약 죄가 있었다면 용서해 주시고
앞으로는 나누고 베풀며 살겠습니다.
부디 저의 앞길을 열어주시기 바랍니다 아멘!"
하고 눈을 딱 뜨니까
'Oh My God'
신의 길 갓길이 열려 있는 게 아닌가.
신이 주신 길 '갓길'을 따라 겨우 결혼식을 치르게 되었습니다.
신혼여행에서 다녀오자 신이 주신
갓길을 축하하는 기념사진이 집에 도착해 있다.
여행을 가면 추억을 사진으로 남기듯
갓길을 함께한 소중한 시간에 경찰청으로부터 9만 원의 사진대금과 함께
신상보호를 위해 운전자의 얼굴은 가려주는
센스까지 엿볼 수 있었다.
신은 기쁨과 대가를 함께 준다.

종합예술감독

길을 가다 아는 여동생을 만났다.
늦둥이가 있는데 아주 잘생겼다.
"아빠는 안 봤지만 자네를 닮지 않아 천만다행이야.
아주 잘 생겼어."
이렇게 장난끼 있는 칭찬을 하고 오는데 왠지 찜찜하다.
엄마, 아빠 모두를 칭찬하는 방법은 없을까?
그래 아들일 경우
"엄마를 닮았으면 예쁠 텐데,
아빠를 닮았는지 아주 잘 생겼구나."
공주일 경우
"아빠를 닮았으면 시원하게 생겼을 텐데
엄마를 닮아서 오밀조밀 예쁘구나."
모두에게 칭찬하는 법을 익혀야겠다.

음식점에 가서
"사장님이 후덕해서 그런지 음식이 푸짐하고
종업원이 친절해서 완전 짱입니다."

칭찬과목은 전공이 아니라 필수과목이다.
상대의 아름다움을 만들어 내는 종합예술감독이다.

남녀의 차이

남자는 10원짜리 물건을 20원에 사오는 재주가 있고
여자는 20원짜리 물건을 10원에 두 개를 사오지만
집에 오면 쓸 데가 없다.
남자는 어릴 때 친구와 사회 친구가 있고
여자는 나보다 이쁜년과 나보다 못한 여인이 존재한다.
여자는 매너, 무드, 머니 있는 남자를 좋아하고
남자는 그냥 이쁜 여자를 좋아한다.
여자는 남자에게 이뻐 보일려고 화장을 하고
남자는 화장한 여자를 이쁘게 보려고 술을 마신다.
남자는 헤어지면 돌아오기를 원하고
여자는 헤어지면 잡아주기를 원한다.
남자는 쇼핑을 가면 필요한 것만 사고 나오지만
여자는 쇼핑을 가면 필요한 것이 나온다 생각을 하고 빙빙돈다.

존 그레이 박사의 '화성에서 온 남자와 금성에서 온 여자' 에서
결혼이란 남자와 여자가
지구에서 서로를 알아가는 과정을 결혼이라 정의하였다.

남자의 용기는 기억하되 실수는 기억하지 말고
여자의 일생을 기억하되 나이는 기억하지 말자.

밥이 보약

보약을 잘 짓는다는 한약방에 아내와 같이 찾아갔다.
원기회복과 간 신장 혈압에도 탁월한 효과가 있다고 한다.
아침저녁으로 한 봉지씩만 먹으란다.
"선생님 그렇게 좋은 거면 두 봉지씩 먹으면 안 되나요?"
"안 됩니다."
"왜요?"
"배가 불러 밥을 못 먹습니다."
가족과 함께하는 밥은 최고의 보약입니다.
아내가 나에게 주는 최고의 상은 '밥상' 입니다.

시계의 역활

시계는 바늘이 둘 있는데 사이가 좋지 않나봐?
그렇지.
근데 12시가 되면 다정스럽게 둘이 만나기는 해.
응, 점심 먹으려고…….
아하 점심시간이구나!
목표가 같으면 서로 친하지 않아도
같은 공간에서 같은 행동을 할수 있습니다.
빠르게 가더라도 1분씩 가는 친구가 있고
느리게 가더라도 한 시간씩 가는 친구가 있습니다.

시계의 역확은 시간을 알려주는 것이 아니라
시간을 멈추지 않는 것입니다.
꿈을 향해서 열심히 달리는 당신을 응원합니다.

미친놈

커피숍에서 한 남자가 여인에게
이쁜 게 죄라면 당신은 사형이야!
자기야 경찰서에 자수하러 가자.
"내가 왜?"
"내 마음을 훔쳤잖아!!"

당신의 마음으로 들어갔는데
당신의 아름다움에 네비게이션도 길을 잃어 버렸나봐.
지금 막 뛰고 있다.
당신을 향한 내 마음이 막 뛰어!
옆에서 듣고 있던 한 아주머니가
'미친놈' 이라고 한다.

그래요
미쳐야 행복에도 미칠 수 있습니다.

꿈에 미쳐야 꿈에도 미칠 수 있습니다.

먼저 받게 하세요

돈이 많은 칠십을 넘긴 할아버지가
젊은 여인과 재혼을 했다.
친구가 물었다.
"나도 돈은 좀 있는데 그런 재주는 없단 말이야.
자네는 젊은 여자와 결혼한 비결이 뭔가?"
"응, 내 나이가 구십이라고 했거든!"

선물을 살 때는 상대가 원하는 것을 포장지로 준비하세요.
먼저 선물을 받아야 포장을 뜯어볼 것이고
그런 다음 자신의 진정한 아름다움을 보여줄 수 있으니까요.
선물은 주는 사람의 진정성이 있으면 된 것이고
받는 사람은 그 진정성을 알아주면 되는 것입니다.

손해보는 맛도 좋다

담배값이 2,000원이나 올라 많은 분들이 담배를 끊었다.
담배에게서 얻는 것은 스트레스해소, 긴장완화 등 심리적으로 도움이 되기도 하지만 그보다 흡연자가 가장 좋은 점은 치매에 걸리지 않는다고 한다.
혹 주위에서 치매에 걸린 사람이 담배를 피우는 것을 목격한 적이 있는가?
담배를 피우면 치매에 걸리지 않는다.
"치매에 걸리기 전에 다 죽는다."

위그루족은 세계 최대의 장수촌으로 유명하다.
120살을 넘긴 할머니에게 방송기자가 물었다.
"할머니 장수 비결이 무엇이예요?"
"응, 담배를 끊어서 그래!"
"담배를 언제 끊으셨어요?"
"한 두 달 됐을 걸."

두 손에 다 파이를 잡으면 나눠줄 손이 없다.
때로는 손해보는 맛도 좋다.

마음먹기

상국이는 오래된 차를 팔려고 벼룩시장에 내놓았지만
30만km나 달려 아무도 사려하지 않는다.
친구에게 고민을 이야기하자
"좋은 방법은 아닌데 한 가지 있기는 해!"
"뭔데? 차만 팔 수 있다면 알려줘."
"자동차 정비소를 하는 친구가 있는데
내가 소개했다고 하면 숫자를 5만으로 고쳐줄 거야."
"그래 고마워."
며칠 후 친구에게서 전화가 왔다.
"차 팔았니?"
"아니, 5만km밖에 안 됐는데…… 앞으로 10년은 더 타겠구만."

어떤 하나를 선택한다는 것은 정말 어렵고 힘든 일입니다.
하나를 얻고자 하면 하나를 버려야 할 때도 많습니다.
동시에 어떤 선택은 정말 즐거운 일이기도 합니다.

그것이 나에게 특별한 하나가 될 수 있기 때문입니다.
수많은 선택 당함과 선택의 기로에 서 있습니다.
밥은 한식을 먹을까 중국 음식을 먹을까
넥타이는 정열적인 붉은 것을 맬까, 풋풋한 푸른색을 맬까
자가용을 타고 갈까, 전철을 타고 갈까
이런 사소한 것부터 일상의 모든 것은 매 선택의 순간입니다.
나는 이야기합니다.
수많은 선택 중에 내가 가장 잘 했다고 생각하는 것은
"당신을 만나 당신과 결혼한 것과 20년을 같이 살아왔다는 것"
이것은 운명이 아니라 기적일 것입니다.

경상도 머슴아

경상도 남자들이 성격이 급하고
말이 짧다.
박중훈 오연수 주연의
〈게임의 법칙〉 중 한 대사
표준말 : 자기야, 응.. 한 번 주라
충청도 : 저기유,, 한 번만 줘어유
전라도 ; 아가.. 거시기 한 번 줘..
경상도 : 함도

표준말 : 당신과 영원히 행복하게 살고 싶어요
　　　　사랑하는 당신 나와 결혼해 주시겠습니까
충청도 : 당신은 나의 빛이고 행복이유
　　　　지와 한 평생 같이 보내면 어떻겠어유 사랑해유
전라도 : 아그야 그랑께 이러드라고
　　　　난께, 임자와 같이 거시기 하면서 거시기 하자구
경상도 : 내 아를 낳아도!!

말은 짧아도
마음은 깊고 아주 길다.

파스칼이 말하길
지혜가 있는 사람은
자기에게 그 어떤 이익이 있기 때문에
사랑하는 것이 아니다,
사랑하는 자체에 행복을 느끼기 때문에
사랑하는 것이라고 했습니다,

묘비명

한 여자가 연애도 한번 못하고 혼자 살다 생을 마감하게 되었다.
그녀는 석공에게 묘비에 이렇게 써 달라고 부탁을 했다.
"처녀로 태어나 처녀로 살다 처녀로 죽다"
그런데 석공이 너무 차일 피일 미루다
장례식날 새벽에 써야하는데 글자가 너무 많아서
이렇게 적었다
"미개봉 반품"

영국의 극작가 버나드 쑈의 묘비에는
'우물 쭈물하다가 내 이럴 줄 알았지'

나의 묘비에 남기고 싶은 말은?
'잘 놀다 여기에 쉬러 갑니다'

묘비에 남기고 싶은 당신의 말은?

걱정인형

직업도 없고 놀기만 하던 기목이는 어느 날 사람을 하나 고용했다.
바로 걱정을 대신해 주는 사람을 고용한 것이다.
소식을 들은 마을사람들은
"직장도 없는 녀석이 사람까지 고용해서 어떡하겠다는 거야."라며
마을 이장님이 기목이를 찾아가
"기목아, 월급은 어떻게 주려고 사람을 고용한 거야?"
"이장님, 그것은 저 녀석이 걱정할 문제입니다."

남을 험담하는 사람들의 첫마디는
"내가 걱정돼서 하는 말인데"로 시작한다는 사실이다.
영화 '사랑하는 금자씨' 에서 이영애의 대사
"니나 잘하세요."
그 사람의 인생은 그 사람이 책임질 테니까
"니나 잘하세요."
단지,
자신은 남이 걱정하지 않아도 되는 사람으로 살면 된다.

잊어라

잊어서 좋은 것은 빨리 잊는 게 낫다.
설령 나중에 기억이 나더라도 그거마저도 빨리 잊으라.

122살의 나이로 기네스북에 오른 프랑스의 잔 칼망은
장수비결을 묻는 기자에게
"하나님이 나를 데려가는 것을 잊어버렸나 봐."

나쁜 기억을 잊지 않으려는 것은
상대에 대한 미움이 있어서이다.
미움의 씨가 자라면 후회라는 나무가 자란다.

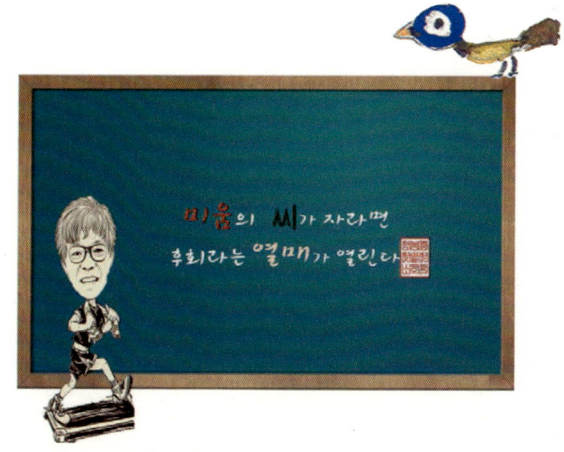

별을 만나자

상국이는 주머니에 만원짜리 한 장이 전부였다.
돼지국밥을 잘 하는 시장 입구의 국밥집은 언제나 손님이 많다.
선불로 계산을 하고 자리에 앉으면 국밥을 가져다 준다.
국밥은 6,000원인데 상국이가 만 원을 계산하자
사장님이 오 천원짜리를 천 원짜리로 잘못 알고
8,000원을 거스름돈으로 주는 게 아닌가.
그 길로 상국이는 출입문으로 다시 나와서 집으로 달려갔다.
밥도 안 먹고…….

사람들은 자기가 보고자 하는 것만 볼 수 있다고 한다.
누군가가 빛나는 별을 가르키면
어리석은 자는 손가락의 끝을 본다고 합니다.

그리고
별이 빛나는 것은 짙게 찾아온
어둠이 함께하기 때문입니다.

손끝만 보지 말고 손끝을 따라
찬란히 빛나는 '별'을 만나 보세요,
그 속에 당신의 꿈이 빛나고 있으니까요.

생각의 차이

두 친구가 공원에서 만났다.
"안 보던 자전거네. 새로 샀어?"
"공짜로 얻었어!"
"공짜로?"
"며칠 전에 공원에 앉아 있는데 아름다운 아가씨가
자전거를 타고 와서는 내 앞에서 갑자기 옷을 훌러덩 벗더니
'원하는 것 한 가지를 드릴게요.' 하는 거야.
그래서 내가 자전거를 달라고 했지!"
그래, 어차피 옷은 맞지 않을 거야.

사람마다 원하는 것이 다를 수 있다.
당신의 생각이 무조건 맞다고 생각 말라.

세상에서 가장 무서운 새는? 으악새
가장 무거운 새는? 철새
그렇다면 세상에서 가장 아름다운 새는? 날새

세상의 모든 일에 정답은 없다.
하지만 해답은 찾을 수 있을 것이다.
나는 가장 아름다운 새이니까.

유머도 자신의 몫

겨울 운동 중에 눈을 가르며 즐기는 스키는 행복한 운동입니다.
음악을 즐기며 타는 '차이코프스~키, 도스토예프스~키'
상급자 코스만 즐긴다는 위스~키

운동하고 돌아온 나에게 아내가
"자기 얼굴에 김이 묻었네."
"무슨 김?"
"잘생김~~"

중국의 술 연구에 유명한 학자는? 주자
프랑스에서 술을 가장 많이 마시는 사람은? 곤드레 만드레

유머는 유치함에서 시작하여 행복함으로 이어가는 다리입니다.
그 다리를 건너지 않고 행복으로 가는 길은 헤엄쳐 가야 합니다.
다리를 건너는 것이 좋을까요? 헤엄쳐 건너는 것이 쉬울까요?
선택은 자신의 몫입니다.

반응

겨울별미가 많은데 그 중 큰녀석이 좋아하는 건 붕어빵이다.
학교 강의를 마치고 집으로 돌아오는 길목에
붕어빵이 있어 녀석에게 카톡을 보냈다.
"현 붕어빵 사가지고 갈까?"
잠시 후
"느넨네네네네넹"
그리고 예쁜 그림......
붕어빵이 아니라 붕어빵 틀을 사가져 갈까 생각했다.
반응은 이렇듯 상대방을 기분 좋게 하는 마력이 있다.

집에 들어오니 와이프가
백화점에서 세일하는 옷이라며 봐 달라고 했다.
"어때 예쁘지?" 라고 묻는다.
그런데 내가 "아니 당신은 옷 고르는 재주가 그렇게 없어?"
라고 하자 화가 난 아내

"그래 나는 고르는 재주가 없어, 당신을 골라 이렇게 고생하잖아."

가정은 당신이 사는 곳이 아니라
당신을 이해하는 사람이 있는 곳이다.

- 크리스티안 모슈겐스테른

국민행복시대

국민행복시대를 열겠습니다.
행복은 선택입니다.
내 큰 머리를 다듬어주는 미용실 점장이 있다.
2015년을 맞아 국민의 행복을 위해 컷트 요금을 20%나 내렸단다.
25,000 → 20,000원
"가격도 내리고 웃음도 같이 주세요."
라고 하며 이런 선물을 주었다

국민의 행복을 위해서 가격을 내리고↓ 정성은 올렸습니다↑
단, 이런 분은 원 가격 그대로 받습니다.

1. 머리가 복잡하신 고객님
2. 과거를 후회하시는 고객님
3. 미래를 걱정하시는 고객님
4. 머리를 이미테이션으로 달고 다니시는 고객님

위에 해당하는 분은 원 가격 25,000원을 다 받구요
현재를 행복하게 살고 미래를 열정적으로 준비하시는 분은
맛나는 coffer까지 덤으로 드려요.

　　　　　　　　　　　　2015년 화창한 봄날 점장 올림

배꼽을 만든 이유

사람을 흙으로 만들었다라는 것을 쉽게 증명해 보세요.
예! 열 받으면 굳어집니다.
조물주가 남자를 먼저 만든 이유를 아시나요?
예! 여자를 먼저 만들었다고 상상해 보세요
남자만들 때 이렇게 해달라 저렇게 해달라 주문이 많아서
아직도 못 만들었을 거예요.

배꼽이 만들어진 이유 3가지를 이야기 해보세요.
첫 번째, 익었는지 안 익었는지 확인해 보다가
두 번째, 앞 뒤 구분을 하려고
세 번째, 누워서 떡 먹을 때 꿀을 담으라고

그런데 남자들에게 필요 없는 젖꼭지를 왜 만드셨어요?
응, 와이프가 외출 갔을 때 애기에게 공갈젖이라도 물리라고.

우리 몸에는 이유 없는 것은 아무것도 없습니다.
하나 하나가 너무나 소중하고 귀중한 것이죠.
자신을 사랑할 줄 아는 사람만이 타인을 사랑할 수 있습니다.
자기 자신에게
고맙다, 사랑한다, 축복한다라는 말을 먼저 하세요.

성공은 준비된 자에게 온다

"한 번만 로또에 당첨되게 해주세요.
 한 번만 로또 1등에 당첨되게 해주세요."
지극정성을 다해 1,000일을 기도했다.
지극정성에 감탄하여 꿈에 하느님이 나타나서 하는 말
"야, 임마 로또부터 사!"
기회는 준비된 자에게만 찾아온다.
누구나 기회는 온다.
단지 그것이 기회인지 아닌지를 모르고 지나가기 때문이다.
기회는 준비된 자만이 잡을 수 있다.

노총각이 "하느님 저에게는 세 가지 소원이 있습니다"
라며 매일 기도를 했다.
하루는 꿈에 하느님이 나타나서
"그래 너의 그 세 가지 소원이 무어냐?"
총각은 바로 지금이다 싶어
"예, 첫 번째는 돈이 좀 많았으면 합니다."

"그래."
"두 번째는 너무 외롭습니다. 여자가 있었으면 합니다."
"그래."
"세 번째는 예쁜 자식을 얻고 싶으니 결혼을 하고 싶습니다."
"그래."
"그럼 돈, 여자, 결혼 이 세 가지란 말이지?"
"예."
"알았다."
얼마후 노 총각은 '돈여자와 결혼'을 했습니다.

행복이란 오는 게 아니라
찾아가는 것입니다.

친구들의 건배사는 **건** '건강하고' **배** '배시시 웃게 만들며' **사** '사랑하는 마음으로' 해야 한다.

사회단체모임의 건배사는 **건** '건전하게' **배** '배려하면서' **사** '사랑하는 마음으로' 해야 한다.

회사 CEO의 건배사는 **건** '건설적이고 진취적이며' **배** '배부를 수 있는 방법을 제시하면서' **사** '사촌까지 돈 벌 수 있는 방법을 제시' 해야 한다.

신입직원, 신입생의 건배사는 **건** '건강하게' **배** '배짱있게' **사** '사롸있네' 를 강조해야 한다.

예쁜 여자 앞에서의 건배사는 **건** '건조한 분위기를 위트있게' **배** '배는 부르게 정신은 멀쩡하게' **사** '사귀자는 강한 메시지를 담아서' 해야 한다.

건배사는 30초 안에 상대의 마음을 얻고 자신을 어필할 수 있는 최상의 방법이다. 이제는 건배사를 전문적으로 배워야 할 것이다.

사장은 여자에 반해 정신이 없고
부장은 술에 취해 정신이 없고
과장은 눈치 보느라 정신이 없고
말단은 빈병 세느라 정신이 없고
마담은 돈 세느라 정신이 없는 것이 회식의 현 주소이다

여기에서도 자신의 존재를 나타낼 수 있고 성공을 위한 임팩트 있는 말을 할 수 있는 기회가 있으니 그것이 건배사이다.
회식자리에서나 동창회, 각종 모임자리, 부부동반자리, 가족모임자리 이런 자리에서 각각 어울리는 자신만의 건배사를 외워두면 당신은 최고의 인기인이 될 것이다.

술잔을 비우는 이유는
슬픔은 비우고 기쁨은 채우고
아픔은 비우고 건강은 채우고
시기는 비우고 칭찬은 채우자
미움은 비우고 사랑은 채우자

이렇게 비우고, 채울 수 있는 게 건배사인데 여러분은 술만 가득 채우고 있지는 않습니까?
사람이 술을 먹고 나중에는 술이 술을 먹는 자리에서 오직 남는 것은 카드전표와 건배사이다.

광고는 30초 안에 모든 승부를 건다.
당신도 30초에 PR하라
'피할 건 피하고 알릴 건 알려라'

__1__

우리는 인생을 살면서 어려운 난관에 부딪히기도 하고
역경을 만나기도 하지만
어쩌면 그래서 인생은 살아볼 만한 가치가
있다고 생각을 합니다.

축복받은 인생을 살고 싶지만 때로는
구불구불한 비포장길을 만나기도 합니다.
오늘 이후부터는 우리네 인생이 뻥뻥 뚫렸으면 합니다.

선창 : 축복
후창 : 뻥뻥

2

탁구는 정말 다이나믹하고 스피디한 경기입니다.
가장 빠르게 반응을 보이는 경기일 것입니다.
상대가 주면 받고 받으면 주고,
사람과의 소통도 상대가 주면 바로 반응을 보이면
다이나믹하고 활기차고 생동감 넘치는 삶을 살 것입니다.
탁구 경기처럼 드라이브를 걸어서

선창 : "행복하세요"
후창 : "니도"

3

사자와 거북이가 달리기 경주를 하는데
먼저 앞서가던 사자가 되돌아와서는
"거북아 등에 있는 가방을 벗어."
묵묵히 달리고 있는 거북에게
사자가 다시 돌아와서는
"바보야, 가방을 벗어야 잘 달리지."
묵묵히 달리던 거북이
"이년아, 너는 머리나 묶어."
각자의 역할에서
열심히 달리는 하루 되자구요!

선창 : 오늘도!!!
후창 : 달리자!!!

4

사람들은 왜 창가에 화분을 놓을까요?
사람들의 마음속에 숲이 있기 때문입니다.
그것은 누군가 쉬고 싶고 기대고 싶을 때
내어줄 가슴이 있기 때문입니다.
오늘 여러분이
그 따뜻하고 포근한 숲속에 들어온 듯합니다.

선창 : 들어온나
      (경상도 사투리, 들어오세요)

후창 : 맞나
      (당신의 말에 적극적으로 동의합니다)

5

오늘 만나고 싶었던 많은 분들이 오셨습니다.
처음 보시는 분도 있고 하니
옆 사람들과 인사를 나누시죠.
인사 나누실 때
옆 사람을 보면서 미소를 띄는 것은
심리학적으로
내가 니보다 잘 났다 라고 합니다.
하하……
오늘은 저보다
옆사람 앞사람에게 칭찬하시죠.

선창 : "당신이"
후창 : "멋져"

6

오늘 저는 목욕재계하고 왔는데
여기 오니 냄새가 장난이 아니군요.
성공한 사람들에게서만 난다는 '인내' 정말 향기로워요
베토벤이 말하길 '인내는 쓰고 성공은 달다'라고 했으니
오늘 여러분과 같이
열매를 맛본다는 것이 영광입니다.

선창 : "인내는"
후창 : "달다"

7

사과를 깎을 때 "탁" 칼로 치는 이유와
주사를 놓을 때 엉덩이를 간호사가 "탁" 치는 이유는 같습니다.
놀라지 말라는 상대에 대한 배려입니다.
오늘 이 자리에 모이신 여러분은
상대에 대한 이해와 배려에서 두 번째 가라면
서러워할 분들이십니다.
너무나 영광스럽고 행복합니다

선창 : "여버~쎄요"
후창 : "오케이"

8

수많은 전쟁에서 승리할 때가 많았던 알렉산더였지만
때로는 어쩔 수 없이 질 때도 있었습니다.
그때마다 '일희 일비' 하지 않고
이 또한 지나가리라 했습니다.
이겼다고 자만하지 않고
졌다고 실망하거나 의기소침하기 없기예요.
진 것이나 이긴 것이나 영원한 것은 없습니다.
넘어졌느냐, 넘어 지지 않았느냐의 문제가 아니라
넘어졌을 때 일어나느냐, 마느냐의 문제입니다

선창 : "벌떡" 후창 : "으랏차차"

9

늘 건강하게 사시는 여러분과 함께 하게 되어 영광입니다.
제주도 올레길을 다녀 오는데 이런 문구가 있더군요.
"길을 가다 돌을 만나면 어떤 이는 그돌을 걸림돌이라 하고
어떤 이는 그 돌을 디딤돌이라 한다" 라구요.
긍정적인 사고는 성공하는 삶을 사시는
여러분의 마인드인 것 같습니다

선창 : "성공의 돌은"
후창 : "디딤돌"

10

음식점에 가면 메뉴를 보면 종류가 참으로 많습니다.
성공적인 인생을 살려면 내가 잘 하는 메뉴보다
상대가 먹고 싶어 하는 메뉴를 잘 만드는 것이 중요합니다.
상대가 원하는 것이 무엇이고
어떤 것을 주어야 하는지를 아는 여러분들이야 말로
성공을 사는 '삶'인 것 같습니다.

선창 : "원하는 것을"
            공자, 맹자, 노자 다음의
후창 : "주자"

11

낙관주의자와 비관주의자의 차이점은
여기 남아 있는 소주병을 보고
낙관주의자는 "아직 술이 3분의 1이나 남았네"라고 하고
비관주의자는 "술이 3분의 1밖에 남지 않았네"라고 한답니다.
그런데 그 차이점은 ..3분의 1이나…. 3분의 1밖에….
'이나' 와 '밖에' 극과 극의 언어입니다.
낙관주의자는 미래를 내다보고
비관주의자는 과거에 집착을 한다고 합니다.
이렇게 술이 3분의 1이나 남았고,
낙관적인 여러분과 함께 하게 되어 감사합니다.

선창 : "낙관적인 여러분"
후창 : "감사합니다"

12

미국의 록키 산맥에 가면 해발 3,000미터 지점을
수목 한계선이라고 합니다.
비바람과 눈보라 낮은 산소 등으로
수목이 더 이상 자라기에는 힘든 조건이죠.
그런데 여기에 자라는 나무를 무릎 꿇은 나무라고 한답니다.
고통과 고난을 겪고 무릎을 꿇고 자라는 나무가 있는데
이 나무로 바이올린을 만들면
공명이 최고좋은 명품 바이올린이 된다고 합니다.
지금 죽을 것처럼 힘든 역경을 지나고 있다면
훗날 많은 사람들에게
행복의 공명소리를 들려줄 시기를 지나고 있다고 생각하세요.

선창 : "지금 이 시간은"
후창 : "명품이다"

13

신이 우리에게 기억력을 주신 이유는
어려움이 닥칠 때도 좋은 것을 기억함으로써
그 어려움을 견디고 이겨내라고 하는 의미라고 합니다.
제가 어디를 가던지 어느 곳에 있던지
여러분과 같이 했던 시간과 공간은
좋는 기억으로 남아 삶의 원동력이 될 것 같습니다.
이 모든 것을 이 잔에 채우겠습니다.

선창 : "당신은"
후창 : "원동력"

13

잔을 비우는 이유는 두 가지래요.
하나는 잔을 채우기 위해서고,
다른 하나는 누군가에게 나누기 위해서래요.
오늘 이 자리는 행복을 가득 채우기도 하고
사랑을 서로 나누기도 하는 자리인 것 같습니다.

선창 : "잔은 채우고"
후창 : "나누자"

14

시주하는 중을 세 글자로 하면 영업중이라고 합니다.
그리고 서울에 사는 스님을 수도승이라고 하는데
이 분들이 최고로 부러워하는
건강한 스님은 신진대사라고 합니다.
성공도 좋고 명예도 좋습니다.
목적하는 바 꿈을 이루려면 신진대사가 원활해야 합니다.
이제 중년으로 가는 여러분은 건강한 스님,
신진대사가 잘 되시기를 바라는 마음에서

선창 : "원활한 신진대사"
후창 : "위하여"

15

영국 속담에 잔잔한 파도는
유능한 뱃사공을 만들지 못한다고 합니다.
지금 우리에게 다가올 미래는
폭풍우가 치고 바람이 거세게 달려올 수 있습니다.
그것은 저와 여러분을
최고의 뱃사공으로 만들어 주기 위한
신의 뜻이옵니다.
이 또한 즐길 줄 아는 여러분을 사랑합니다.

선창 : "미친 폭풍을"
후창 : "즐기자"

16

성공한 사람들이 나온 대학이 있다고 합니다.
서울에서 제법 먼 대학 서울법대도 아니고
약간 먼 대학 서울약대보다
상당히 먼 대학 서울 상대보다
성공인자가 가득한 대학들이대를 아십니까?
무엇이든 들이대는,
들이대가 오늘 우리가 들어갈 대학입니다.
성공대학 DID 들이대의 학칙은 '행동하자'
들이대고 행동하면 우리는 성공으로 졸업하게 됩니다.

선창 : "들이대는"
후창 : "행동하자"

17

부산에서 서울까지 가장 빨리 가는 방법은
사랑하는 사람과 함께 가면 제일 빠르다고 하고,
라면 중에 가장 맛있는 라면은
'그대와 함께 라면'이라고 합니다.
함께한 여러분이 너무나 감사하고 사랑하기 때문에
그 시간이 언제 갔는지조차 모를 지경입니다.
더군다나 맛나는 음식을
함께 나눠 먹을 수 있어 축복입니다.

선창 : "그대와 함께하면"
후창 : "축복입니다"

18

장희빈이 인현왕후를 시해하려다 그만 사약을 받게 되었습니다.
마지막까지 연산군이 살려줄 것이라
희망을 버리지 않은 장희빈은
"마마, 정녕 이것이 마마의 뜻이옵니까?"
"내 마음을 사약 종지 옆에 써놓았느니라."
"원 샷!"
오늘 이 잔에는 사약이 아니라
성공의 명약을 담았습니다.

선창 : "인생은"
후창 : "원샷"

19

김난도 교수의 〈아프니까 청춘〉이라는 책에서
청춘은 아프고 힘들다고 합니다.
그러나 여기 있는 모든 분은
눈이 부시도록 아름답습니다.
그 아픔을 즐기시는 것 같습니다.
아픔마저도 즐길 줄 아는
여러분은 정년 챔피언입니다.

선창 : "청춘을"
후창 : "즐기자"

20

구름은 바람 없이 못가고
사람은 사랑이 없이 못가네.
이 가을 바람에 사랑을 가득 묻혀온 여러분과
함께 하는 이 자리가 너무나 행복합니다.
사랑을 나누시고 행복을 채워주시는 여러분과
같은 공간에서 함께 할 수 있어 너무나
아름다운 추억이 될 것 같습니다.

선창 : "사랑으로 추억을"
후창 : "만들자"

21

최고급 스포츠카 페라리와
여러분의 공통점은 무엇일까요?
'잘 나간다' 는 것입니다.
아우토반을 달리는 CEO여러분과 함께 하여
에너지가 가득 충만해집니다.
스타트하면서부터 막힘없이
쭉쭉 패스하라는 의미로 ~~

선창 : "스타트"
후창 : "패스"

22

아들을 학수고대하던 종가집에서
결혼 15년 만에 드디어 아들을 얻었다.
산후조리하던 중 우연히
시어머니가 손자에게 젖을 먹이고 있는 게 아닌가?
너무 놀라 남편에게
"아 글쎄! 어머님이 우리아기에게 젖을 먹이고 있어요.
어떡해요? 당신이 말려 주세요!!
제가 젖이 안 나오는 것도 아닌데……"
남편은 들은 채 만 채,
며느리는 여성상담소에 전화를 해 이 사실을 하소연하였는데
가만히 듣고 있던 상담사
"맛으로 승부하세요."
나만의 경쟁력이 있어야 살아 남습니다.

선창 : "경쟁력이"
후창 : "이긴다"

23

두 친구가 길을 가다 곰을 만났습니다.
재빠른 친구는 나무에 올라가고
한 친구는 바닥에 넘어져 버렸습니다.
곰이 넘어져 있는 친구에게 귓속말을 하고는 가버렸습니다.
나무에서 내려온 친구가 물었습니다.
"곰이 자네 귀에다 뭐라고 하던가?"
"응, 어려울 때 저만 살자고 도망가는 사람과는 친구하지 마래."

베이컨은 말하길
"참다운 친구를 가질 수 없는 것은 비참하리 만큼 고독하다,
친구가 없으면 세상은 황야에 지나지 않는다."고 했습니다.
하지만 오늘 이렇게 많은 넓은 초원을
같이 뛰어갈 친구들이 있어 감사합니다.

선창 : "초원을"
후창 : "달리자"

24

현대사를 사는 남자들의 고민이 아닐까요.
심한 스트레스로 잠자리가 잘 되지 않는 친구가
침대에 오르기 전 자기세뇌를 시키는 겁니다.
"하면 된다! 하면 된다! 하면 된다!"
그것을 가만히 듣던 마누라
"되면 한다! 되면 한다! 되면 한다!"
혼자는 힘들지만 같이하면 할 수 있는 일이 너무 많습니다.
세상은 끌어당김의 법칙이 존재한대요.
긍정의 말을 하면 꿈이 이루어지고
부정의 말을 하면 절망의 먹구름이 드리운데요.

선창 : "된다! 된다!"
후창 : "하자! 하자!"

25

선뜻 무언가를 내주기는 어렵습니다.
더군다나 일면식도 없는 누군가에게
사랑을 베푸시는 여러분은 진정 이 시대의 등불입니다.
그 등불이 어두운 곳에 내려앉아
지치고 힘든 이들의 어깨를 따듯하게 비쳐주고 있네요.
그런 등불이 온 천지에 가득하기를
희망하면서 건배하겠습니다.

선창 : "등불이"
후창 : "온 천지에~"

26

토미스 바샵은
"가장 빛나는 별은
아직 발견되지 않은 별이고
인생 최고의 날은
아직 살지 않은 날들" 이라고 합니다.
그 화려한 최고의 날을 맞이하기 위해서는
오늘, 지금 이 순간을
최고의 시간으로 만드는 것이겠지요.
우리들의 아름다운 최고의 나날을 위하여
건배하겠습니다.

후창 : "오늘이"
후창 : "최고다"

27

리처드 바크는
"우리가 무엇인가를 하고 싶어하는 것은
우리에게 그 일을 할 능력이 있다는 뜻"이라고 합니다.
그런데 여러분은 너무나 많은 것을 하고 싶어하고
그 성공에 열정까지 가지셨으니
그 능력이야 제가 말하지 않아도 느껴집니다.
그 능력을 십분 발휘하여
이루고자 하는 모든 것을
성취하라는 의미로 건배하겠습니다.

선창 : "뜨거운 열정"
후창 : "달구자"

28

"자신이 그 밑에 앉을 기회가 없음을 알면서도
그늘이 될 한 그루의 나무를 심는 자는
이미 삶을 터득한 사람이다"
라고 엘튼트러블루드가 말했습니다.
나와 더불어 후손에게 사랑의 씨를 심으시는 여러분이야말로
이 세상을 아름답게 하고 있습니다.

선창 : "아름다운 세상은"
후창 : "니가 살아라"

29

윈스턴 처칠이 말하길
"성공은 최종적인 것이 아니며,
실패는 치명적인 게 아니다.
중요한 것은 지속하고자 하는 용기이다"
오늘 우리가 목표하고자 했던 것은 부족했습니다.
하지만 우리에게 젊음과
도전하고자 하는 용기가 가득하기에 승리할 것입니다.
승리의 그 날을 위해 건배하겠습니다.

선창 : "승리의 그날을"
후창 : "위하여"

30
사람들은 넘어졌더라도 다시 일어나 달리는 사람에게
박수를 보냅니다.
'벤저민 디즈레일리'
출시한 제품이 예상보다 판매가 부진한 것은 사실입니다.
이 또한 우리에게 희망을 주는 것입니다.
'아, 이렇게 만들면 안되는구나' 라고 큰 교훈을 주었지요.
이것을 바탕으로 저는 여러분이 더 멋진 작품을
하나 만들어 낼 것이라 믿고 있습니다.
한 번도 실패하지 않은 사람은
한 번도 도전하지 않았다는 것과 같으니까요.
맞아요 넘어졌어요.
하지만 저는 여러분이 툴툴 털고 다시 뛸 것을 획신합니다.
여러분에게 미리 박수를 보내드리고 싶습니다.

변강쇠가 타고 다닌다는 "으랏차차"로 선창을 하면
여러분은 "GO"로 화답을 부탁합니다.

선창 : "으랏차차"
후창 : "Go~"

31

혼자 꾼 꿈은 몽상이지만
함께한 꿈은 현실이 된다라고 합니다.
여러분들과 같이 꾸는 꿈이 현실이 된다고 생각을 하니
뜨거운 가슴이 느껴오네요.
오늘보다 더 나은 내일을 위하여
지금 이 순간부터 여러분과 함께 꿈을 꾸고자 합니다.

선창 : "함께 꿈을 꾸면"
후창 : "된다"

32

밀턴 빌이 말하길
"기회가 문을 두드리지 않거든
문을 새로 만들어라"라고 합니다.
새로운 문을 만드는 소리가
여기저기서 들리는 듯하군요.
여러분이 만드는 문에
제가 예쁜 종을 달아드리겠습니다.

선창 : "문을 만들면"
후창 : "종을 달자"

33

주거니 받거니 허물을 깨트리는 것은 술이요
깨진 허물에 담아지는 것은 우정입니다.
허기를 채우는 것은 술이요
마음을 채울 수 있는것은 우정이라 하였는데
오늘 이 자리는 허기와 마음
모두를 채울 수 있는 것 같습니다

선창 : "허기와 마음을 모두"
후창 : "채우자"

34

술은 알코올에 취하는 것이 아니라
사람의 향기에 취한다고 합니다
화향백리, 주향천리, 인향만리 라고 했는데
오늘 여러분의 아름다운 향기가 세상을
더욱 풍요롭게 하는 것 같습니다.
그 향기에 흠뻑 취하고 싶은 밤입니다.

선창 : "사람의 향기에"
후창 : "취한다"

35

휘트먼은
'추위에 떤 사람일수록
햇볕의 따듯함을 느끼고,
인생의 고뇌를 맛 본사람일수록
생명의 존귀함을 안다'
고 했습니다.
힘든 역경을 잘 이겨내신 여러분에게
격려와 존경의 박수를 보냅니다.
역경을 뒤집으면 화려한 경력이 된다고 합니다.
이제 우리는 화려한 경력을 바탕으로
더 힘차게 나아갈 일만 남은것 같습니다.

선창 : "힘차게"
후창 : "나가자"

36

〈중용〉에 의하면
 '멀리 가려면 가까운 곳부터 시작을 하고
높이 오르려면 낮은 곳에서 출발해야 한다' 라고 합니다.
지금 이 시작이 미약하고
앞날의 결과에 대하여 불안할 수도 있겠지만
저는 여러분의 열정과 신념을 믿고 있습니다.
높이, 그리고 멀리, 원하는 그 곳까지 분명히 도달할 것입니다.
목표하는 바 성공하는 그 날을 위하여 건배하겠습니다.

선창 : "열정과 신념으로"
후창 : "출발이다"

No.1　<u>37</u>

상국이네 집에 친구가 전화를 했는데
아버지가 받았다.
"거기 상국이네 집이죠?"
"아니 내집이다."
우리는 때로 주인의식을 잃고 살고 있습니다.
우리 몸의 주인은 내가 분명한데
너무 방치하지는 않는지 생각해 보시기 바랍니다.
건강을 위하여 오늘처럼 주기적으로
내가 몸의 주인임을 각인시킬 필요가 있습니다.

선창 : "내 몸의 주인은"
후창 : "나다"

38

포스트 잇 중에서 단연 최고로 치는 것이 3M이죠.
한번 사용해도 접착력이 처음과 같고
칼라도 항상 제 모습을 갖추고
있기 때문이라고 합니다.
이렇듯 3M의 인기는 식을 줄 모르는데
특히 여자들이 좋아하는
남자가 갖추어야 할 3M은
'매너, 무드, 머니'라고 합니다.
그런 모든 것을 갖춘 여러분은
이 시대의 인기인입니다.

선창 : "3M은 누구"
후창 : "바로 나다"

39

반딧불이는 폭풍에도 빛을 잃지 않습니다.
빛이 자기 안에 있기 때문이라고 합니다.
그 빛은 여러분과 같은 열정에서 그 에너지원일 것입니다.
오늘 이 자리도 그 빛으로 인해 반짝 반짝 빛나고 있습니다.
그 빛들이 모여 세상을 환하게 비출 등불이 된다고 생각하니
어두웠던 마음이 밝아지는 것 같습니다.

선창 : "빛은 내 안에"
후창 : "있다"

40

시장통을 지나오는데 노점상에 꿀사과라고 쓰여 있더군요.
바로 뒤 식당은 돼지 갈비집이었는데 꿀갈비라고 간판이 있어요.
꿀맛이 맛 중에 최고의 맛인것은 분명합니다.
우리의 만남도 꿀맛나는 만남이 되고
그 꿀을 담는 단지가 되었으면 합니다.
단지에 꿀을 가득 채우자구요.
제가 꿀하면 여러분은 단지라고 외쳐주시기 바랍니다.

선창 : "우리의 만남은 꿀~"
후창 : "단지"

선창 : "성공은 시작"
후창 : "우리가 간다"

사람들이 묻습니다.
당신의 성공의 비결은 무엇이냐고?
그러면 거침없이 대답할 것입니다.
"시작했기 때문" 이라고.
우리는 벌써
성공을 향해서 가고 있습니다.
멈추지만 않는다면
그것은 분명한 성공에 도달할 것을
확신합니다.
그날을 위하여 건배하겠습니다.

42

중국 속담에 이런 말이 있죠.
하루가 행복하려면 낮잠을 자고
일년이 행복하려면 농사를 짓고
10년이 행복하려면 나무를 심고
일생이 행복하려면 사람을 키우라고 했습니다.
일생을 같이 행복할 수 있는 사람을 만난 것은
개인적으로 큰 영광이고 축복입니다.
제가 "당신을 만난 건" 하면
여러분은 "영광입니다"라고 외쳐 주시기 바랍니다.

선창 : "당신을 만난 건"(당신은 저에게)
후창 : "영광입니다"

43

내가 짝사랑하던 사람이
나를 좋아하게 만드는 것은 기적입니다.
기적을 만나기 위해서는
누군가를 먼저 사랑해야 합니다.
오늘 이 자리에 오신 분들은
조건 없이 누군가를 사랑하는 마음을 가졌으니
기적을 만드는 분들입니다.
그 기적의 자리에 함께하게 되어 행복하구요.

선창 : "기적은"
후창 : "만난다"

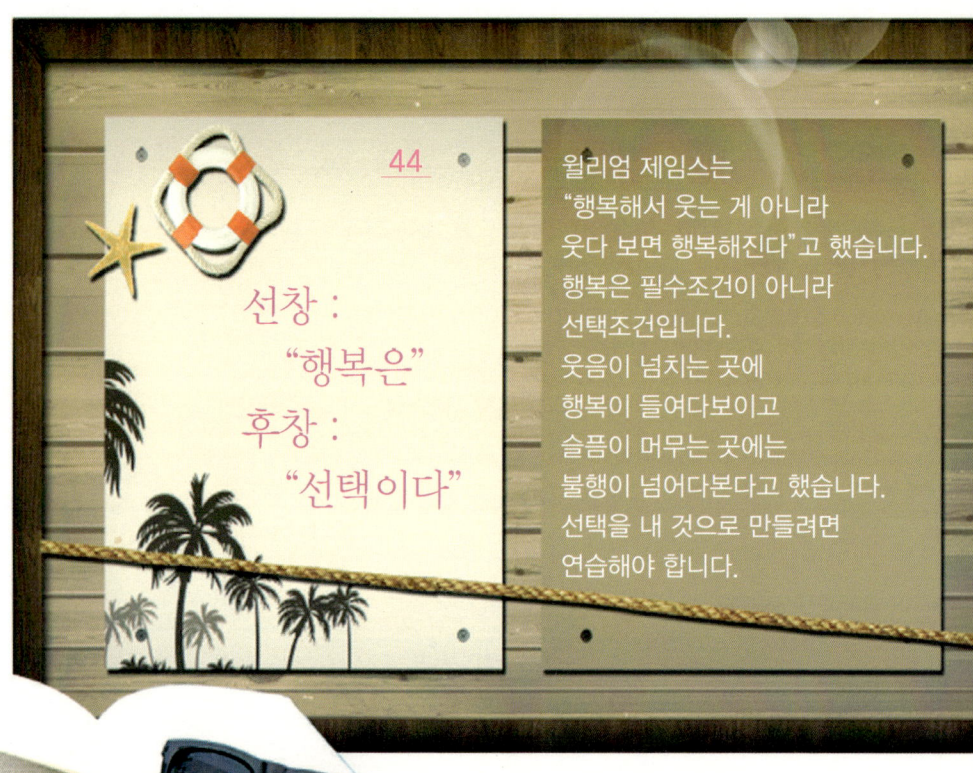

44

선창 : "행복은"
후창 : "선택이다"

윌리엄 제임스는
"행복해서 웃는 게 아니라
웃다 보면 행복해진다"고 했습니다.
행복은 필수조건이 아니라
선택조건입니다.
웃음이 넘치는 곳에
행복이 들여다보이고
슬픔이 머무는 곳에는
불행이 넘어다본다고 했습니다.
선택을 내 것으로 만들려면
연습해야 합니다.

45

전화벨을 누르는 신은? 발신
핸드폰 액정화면을 터치하는 신은? 착신
연인과의 사랑의 메시지를 전달하는 신은? 교신
그러면 나의 사랑과 관심으로 만든 신은? 바로 당신
바로 당신이 있어 대화하고 소통할 수 있습니다.
사랑과 관심의 소중한 바로 당신을 위해서

선창 : "소중한 사랑은"
후창 : "바로 당신!"

46

아프리카 부족의 한 마을에는 비가 오지 않으면
기우제를 지낸다고 합니다.
그런데 기우제를 지내면 반드시 비가 온다고 합니다.
비가 올 때까지 기우제를 지내기 때문이죠.
무엇이든 될 때까지 하면
이루지 못할 일이 무엇이 있겠습니까?
여러분의 열정은
제가 느끼기에 무지 뜨겁습니다.
식지 않게 꿈을 향해 나아갑시다.

선창 : "열정으로"
후창 : "될 때까지"

47

어차피 될 일이면 걱정 안 해도 이루어지고
걱정해도 안 될 일은 해 봐도 소용없습니다.
지난 과거는 어제에 묻어두고
다가올 미래에 대하여 기대합시다.
지난 시간 열과 성을 다해 달려오신 것 저도 알고
여러분도 알고 하늘도 알고 있습니다.
이제 그 노력의 초석 위에 화려한 금자탑을 세웁시다.
앞으로만 달리기로 합시다.

선창 : "앞만 보고"
후창 : "달립시다"

48

우표 같은 사람을 만나는 것은
행운입니다.
우표는 한 번 붙이면
목적지까지 도착하니까요.
빨리 가는 것도 있고
늦게 도착하는 것도 있지만
목적지에는 모두 도착을 합니다.
목적하는 바, 이루고자 하는 바,
모든 목적지에 도착하기를 기원하면서

선창 : "붙이면"
후창 : "간다"

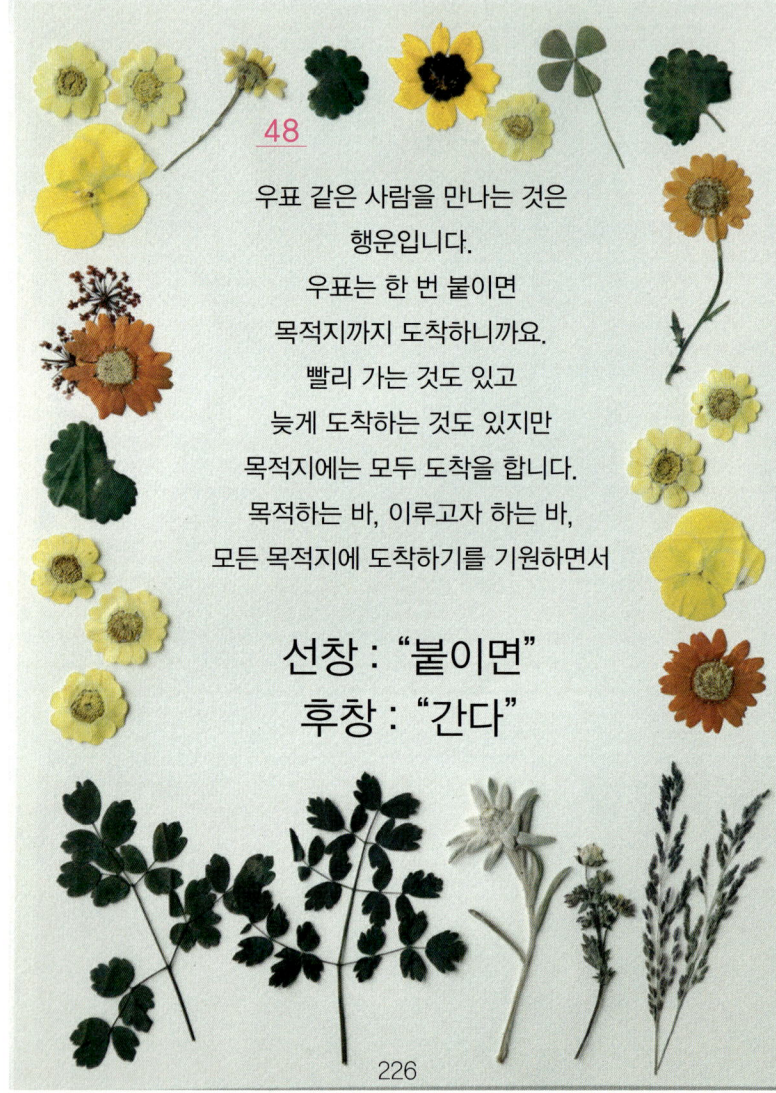

49

모택동은 술과 담배를 멀리 했는데 83세에 죽었고
등소평은 술과 담배를 좋아 했는데 93세까지 살았다.
특히 장개석 군대의 부사령관을 지낸 장학량은
술과 담배 여색을 즐겼는데
103살까지 살았다고 합니다.
정작 웃기는 것은
128세의 장수 노파에게 신문기자가 물었습니다.
할머니 장수비결이 뭐예요?
"응. 담배가 건강에 나쁘다고 해서
100년 피우던 담배를 5년 전에 끊었어."
담배가 좋다는 말이 아닙니다.
128살 장수할머니가 100년을 넘게 피우던
담배를 끊을 용기에 응원하고 싶은 것입니다.
여러분에게도 그런 용기가 느껴집니다.

선창 : "지금부터"
후창 : "행동이다"

49

아프리카 속담에 빨리 가려면 혼자 가고
멀리 가려면 같이 가라고 했습니다.
같이 가는 길에 동지가 있다는 것은 축복입니다.
이루고자 하고자 하는 모든 일들이
인생의 여정에서 함께 하기를 바라며
응원하고 격려하고 축복하는 동행의 길이 되기를 바랍니다.

선창 : "동지여"
후창 : "같이 가자"

50

사람의 몸은 심장이 멎을 때 죽지만,
사람의 영혼은 꿈을 잃을 때 죽는다고 합니다.
조직도 꿈이 필요하고 펼쳐 나아가야 합니다.
조직은 리더의 꿈에 의하여 성장한다고 합니다.
리더는 자신의 꿈을 말하고 제시하고 실행하는 사람
그런 사람이 진정한 리더의 자세가 아닐까요?
우리는 새로운 꿈에 도전하고 이룰 것입니다.

선창 : "도전하는 청춘은"
후창 : "이룬다"

51

미국 어느 작가는
"이 세상의 모든 사람들은 각기 그 사람만이
할 수 있는 재능을 가지고 있다"라고 했습니다.
그 재능을 발견하고 창조적으로 발휘하여
새로운 세상을 만드는 것이라 했습니다.
이곳에 모인 여러분은 각자의 재능을 최대한 발휘하여
더 좋은 세상을 만드는 데 기초가 될것입니다.

선창 : "재능은"
후창 : "다 있다"

선창 : "최대한"
후창 : "발휘하자"

52

포드 자동차의 창업주 핸리 포드는 이렇게 말했습니다.
"모든 자동차는 완전히 똑 같은 성능과 디자인으로 만들어졌지만
이 차를 운전하는 사람들은
제각기 다른 개성을 가지고 있다"라고 했습니다.
인간은 유일무이한 존재이며
사랑받아 마땅한 존재이기도 합니다.
여기 계신 한 분 한 분의 개성을 존중하며,
그 속에 있는 자신만의 잠재력을 최대한 끌어내어
자신의 발자취를 남기는 자아가 되기 바랍니다.

선창 : "발자취를"
후창 : "남기자"

여행이란 다리가 떨리릴 때 다니는 것이 아니라
가슴이 떨릴 때 다니는 것이라고 하더군요.
더군다나 이렇게 좋은 사람들과 함께 온 여행은
가슴을 더욱 더 뛰게 만드네요.
우리가 사는 장소를 바꾸는게 여행이라기보다
우리의 생각과 편견을 버리는 것도
여행의 맛이라 할 수 있겠죠.
뛰는 가슴으로 추억과 행복을 가득 담아가는
여행이 되기를 바라겠습니다.

선창 : "여행은 가슴 뛰는"
후창 : "행복이다"

54

아리스토텔레스는 윤리학에서
"가난이나 기타 여러 가지 불행을 당했을 때,
친구는 유일한 피난처가 된다"라고 했습니다.
우정이란
우리들의 일상생활에서
없어서는 안 될 요소이고
받기보다는 주는 친구가
참다운 우정이라 생각합니다.
우정의 본질은 사랑을 받는 것보다
오히려 사랑하는 데 있습니다.

선창 : "사랑은"
후창 : "주는 기다"

55

영화 〈타워〉에서 신참 소방대원이 팀장역을 맡은
설경구에게 묻습니다.
"훌륭한 소방관은 어떤 소방관입니까?"
"응, 마지막까지 남아 있는 소방관!"
이 모임이 훌륭한 모임으로 자리매김하기 위해서는
마지막까지 남아 있어야 합니다.
아파서도 안 되고, 빠지셔도 안 되고, 삐치셔도 안 되고…….
저는 여러분의 인격을 믿기 때문에
약속을 꼭 지키리라 믿고

선창 : "앞으로 100년 동안"
후창 : "쭈~~~욱"

56

국궁은 체력증진도 되지만
정신수양에도 많은 도움을 준다고 합니다.
느린 화면으로 보면
화살 촉이 춤을 추듯
날아가는 것을 볼 수 있는데요.
화살이 과녁을 찾아가는 것이 아니라
활 쏘는 이가
과녁으로 활을 보내는 것이라고 하는군요.
성공의 과녁은 정해졌습니다.
그 과녁을 향해서 힘차게 화살을 보내 봅시다.

선창 : "성공화살은 내가"
후창 : "보낸다"

57

지피지기면 백전백승이라고 손자병법에 나와 있습니다.
적을 알고 나를 알면
백 번 싸워 백 번을 다 이긴다는 뜻이겠지요.
그러나 진정한 승리자는 싸우지 않고 이기는 것입니다.
회의장에서 문제에 대하여 최선을 다해 자신의 주장을 펴되
상대의 이야기에도 귀 기울여주고
회의가 결론 났으면 그것에 대하여 인정할 줄도 아는
사내다움이 있어야 한다고 생각합니다.
다투기보다 싸우지 않고 서로가 이길 수 있는 방법이
많이 나오기를 기대하면서

선창 : "다 같이"
후창 : "win win 하자"

함박눈이 오면 어머니는
밀가루로 칼국수를 밀어서 끓여 주셨습니다.
칼국수 끝자리는 아궁이 숯불에 구워먹을 수 있게
우리에게 주시곤 하셨습니다.
바삭 구워서 먹으면 고소하고 은근한 맛이 나기도 하고
더 먹으려고 싸우기도 했지요.
오늘도 그날처럼 눈이 오고 있습니다.
좋은 추억은 세월이 지나도 그때처럼
나를 웃음짓게 하고 행복하게 만듭니다.
이 순간도 세월이 지나면 추억으로 자리 남겠지요.
미래에 웃는 모습을 상상해 봅니다.
지금 이 순간이 너무나 행복하고 즐겁기 때문에.

선창 : "먼 훗날"
후창 : "행복해"

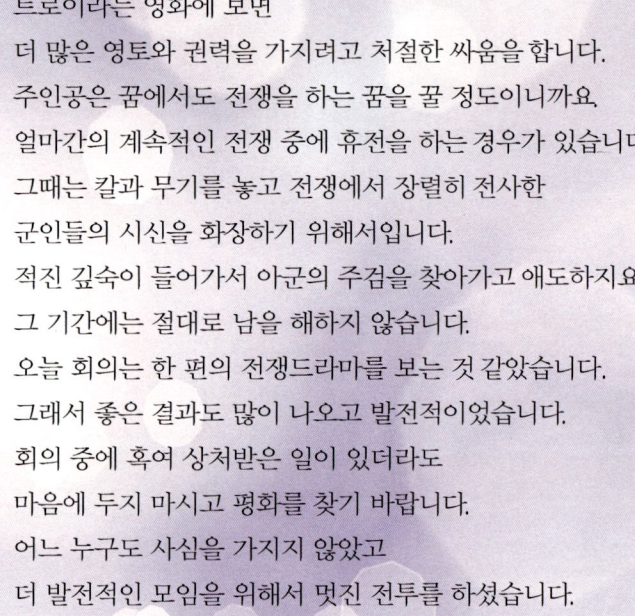

59

트로이라는 영화에 보면
더 많은 영토와 권력을 가지려고 처절한 싸움을 합니다.
주인공은 꿈에서도 전쟁을 하는 꿈을 꿀 정도이니까요.
얼마간의 계속적인 전쟁 중에 휴전을 하는 경우가 있습니다.
그때는 칼과 무기를 놓고 전쟁에서 장렬히 전사한
군인들의 시신을 화장하기 위해서입니다.
적진 깊숙이 들어가서 아군의 주검을 찾아가고 애도하지요.
그 기간에는 절대로 남을 해하지 않습니다.
오늘 회의는 한 편의 전쟁드라마를 보는 것 같았습니다.
그래서 좋은 결과도 많이 나오고 발전적이었습니다.
회의 중에 혹여 상처받은 일이 있더라도
마음에 두지 마시고 평화를 찾기 바랍니다.
어느 누구도 사심을 가지지 않았고
더 발전적인 모임을 위해서 멋진 전투를 하셨습니다.

선창 : "경쟁은 멋지게"
후창 : "휴식은 화끈하게"

60

꿈을 밀고 나가는 것은 이성이 아니라
희망이며 두뇌가 아니라 심장입니다.
인간은 30일을 먹지 않아도 살 수가 있고
7일을 물 마시지 않아도 숨쉴 수 있으며
7분 동안 숨쉬지 않아도 살 수 있지만
단 1초라도 희망이 없으면
죽은 것이라 했습니다.
여러분의 심장소리가
크게 느껴지고 있습니다.
어둠이 드리워진 이 밤에도
희망의 등불은 빛나고 있습니다.

선창 : "희망으로"
후창 : "파이어"

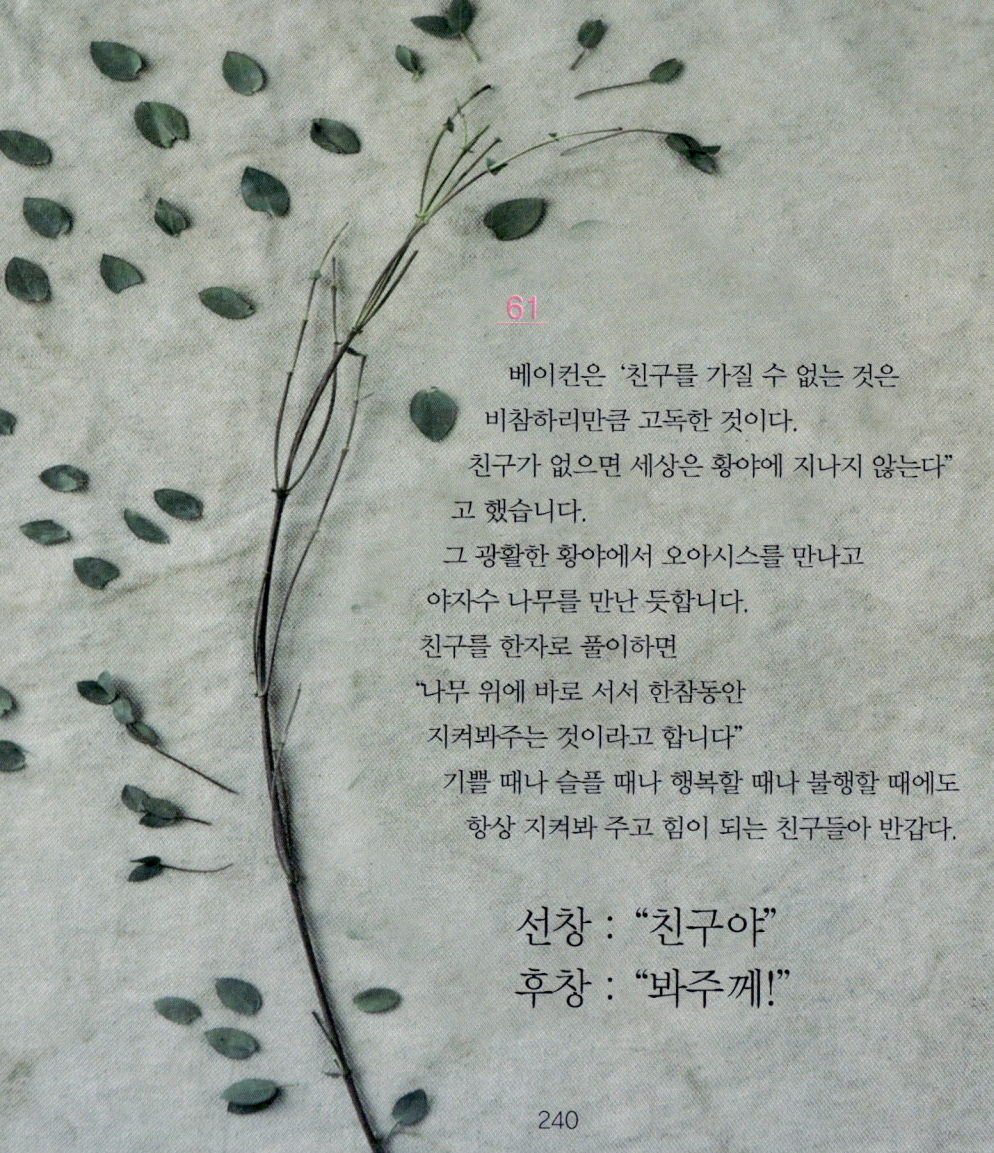

61

베이컨은 '친구를 가질 수 없는 것은
비참하리만큼 고독한 것이다.
친구가 없으면 세상은 황야에 지나지 않는다"
고 했습니다.
그 광활한 황야에서 오아시스를 만나고
야자수 나무를 만난 듯합니다.
친구를 한자로 풀이하면
"나무 위에 바로 서서 한참동안
지켜봐주는 것이라고 합니다"
기쁠 때나 슬플 때나 행복할 때나 불행할 때에도
항상 지켜봐 주고 힘이 되는 친구들아 반갑다.

선창 : "친구야"
후창 : "봐주께!"

62

농부는 자기 밭에서 딴 토마토가
제일 맛 있다고 생각하고
샐리리맨은 자기 월급봉투의 1만 원이
다른 사람의 1만 원보다 더욱 가치있다고 생각을 합니다.
그것은 여러분의 열과 혼을 다해 얻은
결과이기 때문입니다.
그 열정과 신념에 경의를 표하며
노동에서 얻은 열매가 가장 빛나고 소중함 것임을
다시 생각하게 합니다.

선창 : "당신이 제일"
후창 : "소중해"

63

덴마크 속담에 혼자 있을 때는 책을 읽고
둘이 있을 때는 대화를 하고
셋이 있을 때는 노래를 부르라고 했습니다.
한 사람이 말하고
두 사람이 관객으로 남아 있는 만남이 아니라
서로가 가진 목소리로
아름다운 하모니를 만들어내라는 뜻이겠지요.
오늘 이 자리는 각자의 인생을 살아오신
분들이 모인 자리입니다.
그러나 모두가 멋진 삶을 살고
있다는 것을 알 수 있습니다.
이제 뜻이 같은 아름다운 하모니를 만들어 가도록 합시다.

선창 : "아름다운 하모니"
후창 : "부르자"

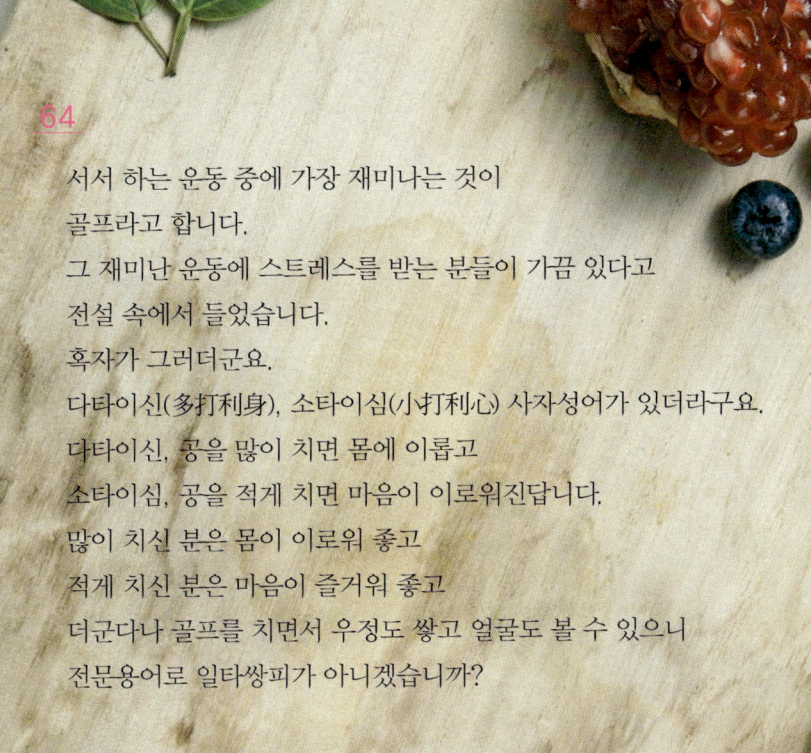

64

서서 하는 운동 중에 가장 재미나는 것이
골프라고 합니다.
그 재미난 운동에 스트레스를 받는 분들이 가끔 있다고
전설 속에서 들었습니다.
혹자가 그러더군요.
다타이신(多打利身), 소타이심(小打利心) 사자성어가 있더라구요.
다타이신, 공을 많이 치면 몸에 이롭고
소타이심, 공을 적게 치면 마음이 이로워진답니다.
많이 치신 분은 몸이 이로워 좋고
적게 치신 분은 마음이 즐거워 좋고
더군다나 골프를 치면서 우정도 쌓고 얼굴도 볼 수 있으니
전문용어로 일타쌍피가 아니겠습니까?

선창 : "다타이신"
후창 : "소타이심"

65

안치환의 노래,
인생은 나에게 술 한잔 사주지 않았다에서
나는 인생에게 술을 사주었으나
인생은 나에게 술 한잔 사주지 않았다라는
가사가 생각나는 모임입니다.
바쁘게, 열심히 산다고 인생에 없어서는 안 될
여러분과 술 한잔 기울일 시간도 없었네요.
오늘은 여러분에게 아니, 우리의 인생에게 술을 한잔 사줍시다.
인생 지놈도 자꾸 얻어 먹다보면
미안해서 한번쯤은 터치페이 하자고 하겠지요.
그 날은 우리가 인생을 깨닫는 삶이 될 테니
그때까지 자~알 살아 보자구요.

선창 : "인생에게 술을"   후창 : "사 주자!"

66

바닷고기의 신선도를 유지하기 위해
고기를 실어 나르는 물차에
횟감고기와 천적인 작은 상어를 한 마리 넣어주면
싱싱하게 회를 먹을 수 있다고 합니다.
잡히지 않으려고 조금도 쉬지 않고
헤엄쳐 다닌다고 합니다.
긴장감과 욕구를 자극하는 것이죠.
어쩌면 우리네 인생사도 스트레스의 연속일 수 있으나
작은 스트레스는 나의 성장에 도움이 될 수 있습니다.
스트레스를 툭 털자는 의미에서
제가 '스트레스는' 하면
'성장이다' 라고 해주시기 바랍니다.

선창 : "스트레스는"
후창 : "성장이다"

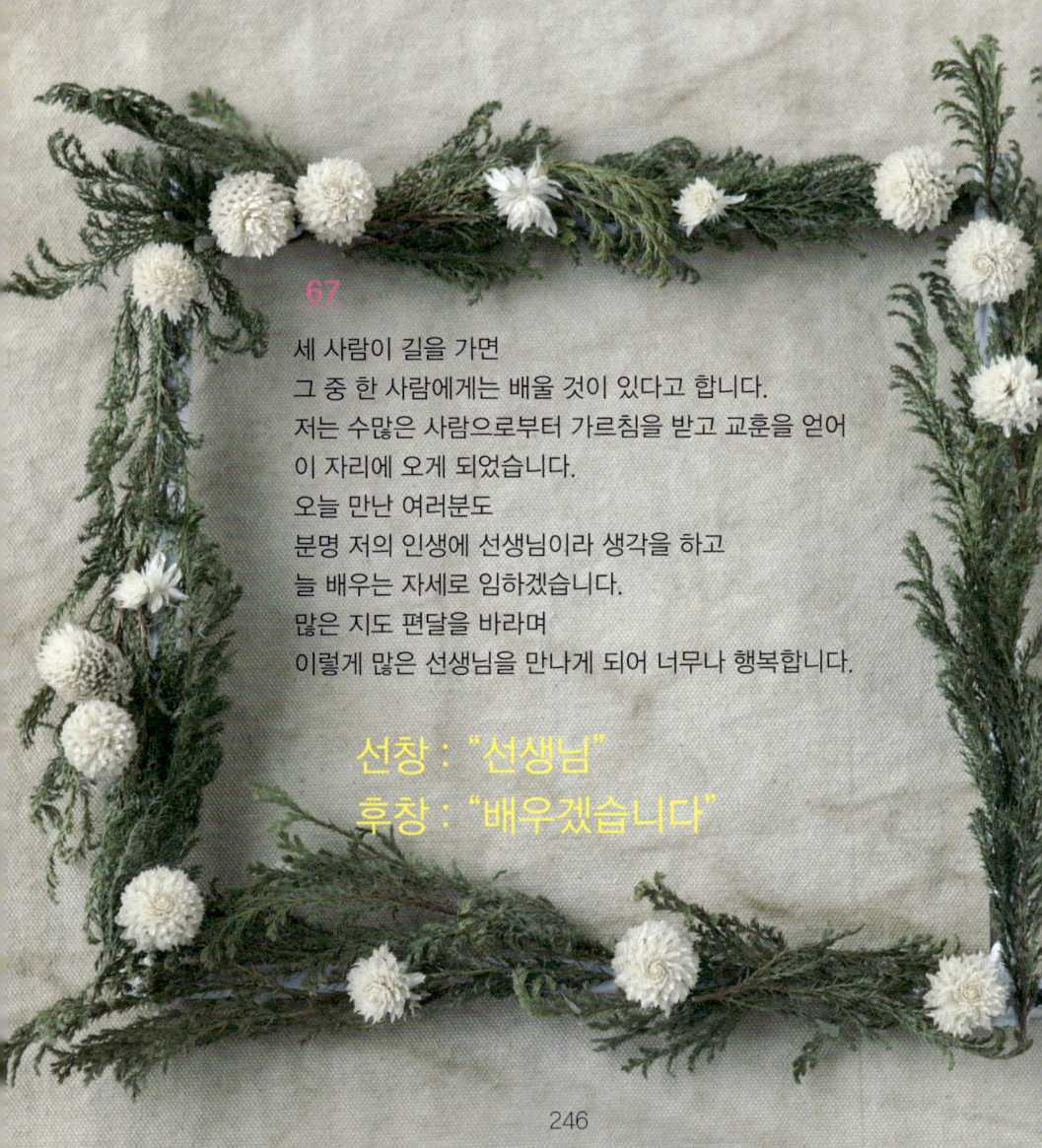

67

세 사람이 길을 가면
그 중 한 사람에게는 배울 것이 있다고 합니다.
저는 수많은 사람으로부터 가르침을 받고 교훈을 얻어
이 자리에 오게 되었습니다.
오늘 만난 여러분도
분명 저의 인생에 선생님이라 생각을 하고
늘 배우는 자세로 임하겠습니다.
많은 지도 편달을 바라며
이렇게 많은 선생님을 만나게 되어 너무나 행복합니다.

선창 : "선생님"
후창 : "배우겠습니다"

68

얼마 전 제주 올레길을 다녀오게 되었습니다.
한발 한발 옮길 때마다 저는 앞으로 나아가고 있었고
목적지는 점점 가까워지고 있었습니다.
바람이 불어줬고 예쁜 풍경이 나를 반겨 주었습니다.
내 발이 지구를 돌리고 있는 듯한 착각에 빠지기도 했답니다.
빨리 가지 않아서 좋았습니다.
내가 만날 수 있어서 좋았습니다.
오랜 시간을 만나 왔지만 그때 그때마다
새로운 것을 만날 수 있어서 이 모임이 좋은 것 같습니다.
조금씩 알아가고, 채워갈 수 있어서 좋습니다.

선창 : "조금씩"
후창 : "채워가자"

69

오감만족이란 무엇인지 아시죠!
미각, 후각, 촉각, 시각, 청각이잖아요.
그런데 저는 이렇게 정의 내리고 싶어요.
배부르게 해줄 수 있는 포만감,
누구나 납득할 수 있는 공감,
리더자로서 갖추어야 할 귀감,
사랑을 나눌 수 있는 정감과
내가 최고라는 자신감에서
만족해야 한다고 봅니다.
배 부르고 등 따시고 들어주고 베풀어주고
이끌어줄 수 있는 리더자가 되도록 이렇게 외쳐주시기 바랍니다

선창 : "오감"
후창 : "만족"

70

김제동 콘서트에서
"앞을 보세요!! 앞을 보세요!!"
"사랑하는 사람이 있는 쪽이 앞입니다"
그렇게 정해진 거예요.
부부는 서로의 거울이라고 하잖아요.
인상 쓰면 같이 쓰고, 웃으면 같이 웃는 거예요.
앞의 사람이 슬프면 자신도 우울하고,
앞의 사람이 웃으면 자신이 행복하잖아요.
내가 행복하려면 앞의 사람을 웃게 만들면 됩니다.

선창 : "당신을"
후창 : "사랑해! 사랑해! 사랑해!"

71

도종환 시인의 〈담쟁이〉라는 시에서
"저것은 벽 어쩔 수 없는 벽이라고 느낄 때
그때 담쟁이는 말없이 그 벽을 오른다
물 한 방울 없고 씨앗 한 톨 살아남을 수 없는
저것은 절망의 벽이라고 말할 때
담쟁이는 서두르지 않고 앞으로 나아간다
한 뼘을 꼭 여럿이 손 잡고 저 벽을 오른다
푸르게 절망을 다 덮을 때까지
바로 그 절망을 잡고 놓지 않는다.
여럿이 손 잡고 저 벽을 오른다"
라는 글귀를 무척 좋아합니다.
혼자는 외롭고 힘들 수 있으나
여럿이 손 잡으면 무엇이 두렵겠습니까?
저와 함께 손 잡고 미래의 파라다이스를 위하여 올라갑시다.

선창 : "다같이 손잡고"
후창 : "갑시다"

72

부자들의 성공 비결은
세 가지라고 합니다.
첫 번째 포기하지 않는다
두 번째 절대로 포기하지 않는다
세 번째 첫 번째를 꼭 지킨다 입니다
이 세 가지만 지키면
분명 부자가 될 것입니다.

선창 : "절대로 포기하지"
후창 : "않는다"

73

스티브잡스의 위대한 성취는 세 가지였습니다.
첫째 늘 꿈을 꾸며 살았습니다
둘째 마음의 열정이 식지않게 담금질하였습니다
셋째 될 때까지 했습니다
늘 꿈을 꾸고 최선을 다했으며
어쩔 수 없는 경험도 소중히 간직했습니다.
거기에다 돈이 전부가 아니라 가치있는 일을 한다고
스스로 만들었습니다

선창 : "꿈, 열정, 가치"
후창 : "만든다"

74

동의보감에
통즉불통(通卽不痛) 불통즉통(不通卽痛)이라고 했습니다.
통하면 아프지 아니하고
통하지 않으면 아프다는 뜻입니다.
함께 가는 길에 서로의 의견 차이가 있는 것이
극히 정상이고 발전적인 것입니다.
하지만 소통이 되지 않으면 서로에게 크나큰 고통만 있습니다.
이 자리는 통하지 않아 아팠던 부분들을
시원하게 뚫리게 하는 자리입니다.
내일부터는 빵빵 뚫린 사무실에서 만나겠습니다.

선창 : "통하면"
후창 : "쭉쭉빵빵"

75

진실만을 이야기하는 새는 참새라고 합니다.
얼마 전에 발견한 귀중한 새인데요.
이 세상에서 가장 아름다운 새가 발견됐다고 합니다.
무슨 새일까요? 바로 날새입니다.
날새와 버금가는 비쥬얼을 가진 새는 녈새입니다.
그래서 모두 친하고 행복하게 지낼새는 우리 새입니다.
이 자리, 이 세상에서 가장 아름다운 새 날새와
그와 버금가는 멋진 새 녈새와 같이 행복을 만들어 가요.

선창 : "세상에서 가장 아름다운 새는"
후창 : "날새"

76

두 사람이 똑 같이 창문 너머로 밖을 보았습니다.
한 사람은 진흙탕을 보고 나갈 일을 걱정했고
다른 한 사람은 별을 보면서 미래를 설계했다고 합니다.
힘들고 지친 시기를 잘 지내왔습니다.
이제 우리는 빛나는 별만 만나면 됩니다.
밝은 미래를 같이 만들어 갑시다.

선창 : "우리의 미래는"
후창 : "반짝인다"

77

마알은 "마음의 알갱이"라고 합니다.
어떤 말을 하느냐에 따라 그 열매가 달라진다고 합니다.
'나는 매일매일 좋아지고 있어'
'할 수 있어!'
'나는 나를 믿어' 라고 하면
그 알갱이가 긍정의 씨앗을 내려 알찬 열매를 맺는다고 합니다.
심리학자 윌리엄 제임스는 말은 행동이 되고
행동은 습관이 되고 습관은 인생이 되고
인생은 운명이 된다라고 했습니다.
그 시발점은 '마알'
마음의 알갱이로부터 시작된다는 것을 잊지 맙시다.

선창 : "나는"
후창 : "성공한다"

선창 : "나는"
후창 : "행복하다"

78

골프를 시작한 지 얼마 되지 않았습니다.
프로에게 매일 혼나고 있습니다.
어깨에 힘을 빼라는 주문을 지키지 못하기 때문이죠.
언제부턴가 어깨에 힘이 들어가
공은 칠랄래 팔랄래 지 멋대로 날아가죠.
그러나 힘을 쭉 빼고 편안하게 하면
공은 신나게 앞으로 쭈욱 날아갑니다.
어쩌면 우리의 어깨에
너무나 많은 힘이 들어갔는지 모릅니다.
나만 모르고 상대방은 다 알고 있는 세상이치입니다.
여러분은 이제 남들이 부러워하는 자리에 와 있습니다.
여기서 더 멋진 인생을 사시려면
힘을 빼고 그 자리에 겸손을 살짝 얹어보는 것은 어떨까요?

선창 : "힘 빼고"
후창 : "겸손을~"

79

배를 만드는 목적은
항구에 정박해 있으라고 만드는 것이 아닙니다.
거친 파도와 맞서고 목적지를 향해서 헤쳐나가야
제멋의 배가 아니겠습니까?
지금 주저하지 말고 맞서시기 바랍니다.
세상은 우리를 향해 양팔을 벌리고 있습니다.
여러분의 도전에 세상은 순순히 내어줄 것이며
그 도전에 응원합니다.

선창 : "도전은"
후창 : "아름답다"

80

대나무로 칼싸움하고 발가벗고 다니던 시절부터
함께 놀았던 친구를 사자성어로 하면 "불알친구"라고 하죠.
북한에서는 백열등 전구를 "불알"이라고 합니다.
어두고 침침한 곳을 밝혀주는 불알,
동창이란 힘들고 외로울 때 밝게 비춰주는
그런 빛과 같은 존재가 아닐까요?
지금까지 꺼지지 않고 비춰주는
동창생 여러분들의 앞날에 영원한 빛남을 위하여 건배하겠습니다.

선창 : "불알을"
후창 : "비추자"

행복하기 위해서 일한다고 하지만
정작 행복하다고 느끼시는 분은 많지 않다고 합니다.
차도엽 신부님의 무지개원리에 의하면
행복을 우선순위에 넣어라라고 합니다.
돈, 명예, 지위보다 우선순위에 행복을 넣고 생활하십시오.
아픈 사람의 우선순위는 건강이고
헤어진 가족의 우선순위는 만남일 것입니다.
이 모든 것도 행복보다 우선해서는 안 됩니다.

선창 : "행복은"
후창 : "1순위다"

82

세상에는 세 가지 금이 있다고 합니다.
음식할 때 없으서는 안 될 소금,
그리고 여러분이 좋아하시는 황금,
그리고 여러분과 같이 하는 지금,
내일은 없습니다.
오늘이 가면 오늘이 오고
오늘이 지나면 또다른 오늘이 있을 뿐입니다.
어제의 미련도 내일의 걱정도 아무런 의미가 없습니다.
이 순간 옆에 계신 분과 손을 잡아 주시죠.
그리고 이렇게 합니다.
소금보다 황금보다 더 귀중한 지금을 함께하여 행복합니다.
자 건배 하겠습니다.

선창 : "소금보다 황금보다 더 소중한 지금을"
후창 : "사랑합니다"

84

단기 4321년(현시점 계산할 것) 1월 25일
지구는 돌고, 태양은 지고, 청춘은 뜨겁고,
사랑은 불타오르는 이 밤에
이렇게 귀하신 여러분들과 함께함을
가문의 영광으로 생각하고
3대가 덕을 쌓아야 오늘의 인연이 있다는데
이 만남을 귀히 여기고
사람이 사람됨을 아는 인간으로 살아가겠습니다.
자, 건배하겠습니다.

선창 : "만나서"
후창 : "따봉, 따봉, 따봉"

85

맹인으로 태어난 것보다 더 불행한 것은 희망은 있되 비젼이 없는 것입니다.
하지만 우리는 비젼도 있고 멀리 볼 수 있는 두 눈도 가졌기에 행복이라는 단어가 어울릴 것 같습니다 이 행복을 잃어버리지 않게 비젼을 잘 관리해서 꼭 이루시기 바라겠습니다
제가 "비젼은" 하면 여러분은 "이루어진다"라고 해주시기 바랍니다.

선창 : 비전은
후창 : 이루어진다

86

4월의 봄비는 5월의 백 가지 꽃을 피운다고 합니다.
눈은 내릴 때 아름답고
비는 내리고 난 뒤 자기 몫을 한다고 하지요
누구나 자기가 타고난 장점이 있습니다
그 장점을 살려서 자기의 잘 하는 일을 찾아서 꿈을 이루시기 바랍니다

선창 : "누구나 장점은"
후창 : "있다"

87

먹을수록 오래 사는 것은 무엇일까요?
그러면, 많이 먹으면 죽는 것은? 정답은 나이입니다.
장수하려면 나이를 먹어야 하고 많이 먹으면 죽는 것도 나이이지요.
나이 먹는 것은 기뻐할 일이지 슬퍼할 일은 아닙니다.
연륜과 경험 지혜가 있기 때문이죠.
아름답게 나이 든다는 것은 축복이지요.
우리 모두 아름다운 장년을 위하여
제가 '나이 먹어' 하면 여러분은 '장수하자' 라고 해 주시기 바랍니다.

선창 : "나이 먹어"
후창 : "장수하자"

아담과 이브가 사과를 먹고 노닐다가
이브가 아담에게 "자기야 나 사랑해?"라고 물었습니다.
그러자 아담이 "사랑하지."
"정말..."
"그럼 너 말고 누가 또 있나."
절대적인 사랑입니다. 여러분도 절대적인 사랑을 만났습니다.
옆 사람과 마주보시기 바랍니다.
옛날에 '사랑해' 와 '미안해' 가 살았다고 합니다.
그런데 갑자기 '미안해' 가 죽었답니다.
누구만 남았습니까?
큰소리로 답해주시기 바랍니다.
제가 "당신을" 하면 마주보고 "사랑해" 하시기 바랍니다.

선창 : "당신을"
후창 : "사랑해"

예쁜 여자가 좋아하는 유머
뻑가는 건배사

인쇄 | 2015년 6월 20일
발행 | 2015년 6월 30일

엮은이 | 이상국
펴낸이 | 장호병
펴낸곳 | 북랜드
        135-936 서울 강남구 강남대로 320 황화빌딩 1108호
        대표전화 (02) 732-4574
        팩시밀리 (02) 734-4574

등 록 일 | 1999년 11월 11일
등록번호 | 제13-615호
홈페이지 | www.bookland.co.kr
이-메일 | bookland@hanmail.net

편　집 | 김인옥
영　업 | 최성진

ⓒ 이상국, 2015, Printed in Korea
무단전제와 무단복제를 금지합니다.
저자와 협의하여 인지를 생략합니다.

ISBN 978-89-7787-639-2　13190

값 12,500원